COZY BIBLE WORD SEARCHES
99 PUZZLES!

COZY BIBLE WORD SEARCHES
99 PUZZLES!

BARBOUR BOOKS
An Imprint of Barbour Publishing, Inc.

ISBN 978-1-64352-151-0

Puzzles designed by Annie Tipton, Ashley Casteel, Donna Maltese, Kelly McIntosh, Paul Muckley, and Rebecca Germany.

All scripture quotations are taken from the King James Version of the Bible.

Published by Barbour Books, an imprint of Barbour Publishing, Inc., 1810 Barbour Drive, Uhrichsville, Ohio 44683, www.barbourbooks.com

Our mission is to inspire the world with the life-changing message of the Bible.

Printed in China

WELCOME TO
COZY BIBLE WORD SEARCHES!

If you like Bible word searches, you'll love this book. Here are 99 puzzles designed to expand your Bible knowledge and test your word search skills, as thousands of search words—each one selected from the King James Version of the Bible—await your discovery. You're in for hours of cozy word search fun!

This collection contains three types of puzzles:

- Traditional word lists, with 18–35 entries based on a common theme.
- Scripture passages with search words printed in **bold** type; when phrases are **bold and underlined**, those words will be found together in the puzzle grid.
- "Secret message" puzzles in which the leftover letters form a related Bible trivia question; read these letters from left to right, from the top row down, and see if you can answer the question!

Of course, answers are provided, beginning after the ninety-ninth puzzle.

Grab a pencil, a warm drink, and a comfortable blanket. . .it's time for *Cozy Bible Word Searches!*

one

HOLY SPIRIT'S GIFTS AND FRUITS

Discernment
(1 Corinthians 12:10)

Exhortation (Romans 12:8)

Faith (Galatians 5:22)

Gentleness (Galatians 5:22)

Goodness (Galatians 5:22)

Governments (1 Corinthians 12:28)

Healing (1 Corinthians 12:9)

Helps (1 Corinthians 12:28)

Interpretation
(1 Corinthians 12:10)

Joy (Galatians 5:22)

Knowledge (1 Corinthians 12:8)

Longsuffering (Galatians 5:22)

Love (Galatians 5:22)

Meekness (Galatians 5:23)

Ministering (Romans 12:7)

Miracles (1 Corinthians 12:28)

Peace (Galatians 5:22)

Prophecy (1 Corinthians 12:10)

Teaching (Romans 12:7)

Temperance (Galatians 5:23)

Tongues (1 Corinthians 12:10)

Wisdom (1 Corinthians 12:8)

WORD SEARCH

```
N O I T A T E R P R E T N I L
G F M I N I S T E R I N G F E
N D W I S D O M N Z S J G A X
I G N I R E F F U S G N O L H
L J P G T A R G E A I Q Y Y O
A K M U O M C N W H O T C E R
E H N I S V E L C N S E E G T
H T I A F L E A E P S M H D A
X A O D T M E R L S E P P E T
O W S N C T J E N E N E O L I
P Z E M G S H I C M K R R W O
L G Q T P U Y A K V E A P O N
T O D I S C E R N M E N T N B
A I V K R P W S F T M C T K A
B O U E H J G O O D N E S S F
```

two
ARK OF THE LORD

Now therefore make a **new cart**, and take **two milch kine**, on which there hath come no **yoke**, and **tie** the kine to the cart, and **bring** their **calves home** from them: and **take** the **ark** of the Lᴏʀᴅ, and lay it upon the cart; and put the **jewels** of **gold**, which ye **return** him for a **trespass offering**, in a **coffer** by the **side** thereof; and **send** it **away**, that it may go. And see, if it goeth up by the way of his own **coast** to **Bethshemesh**, then he hath done us this **great evil**: but if not, then we shall know that it is not his **hand** that **smote** us: it was a **chance** that **happened** to us.

(1 Sᴀᴍᴜᴇʟ 6:7–9)

WORD SEARCH

```
C E K A T C H A N B R C O A H
A Y I M S Y R E T U R N U A B
R B N S A V E E T O M S N B E
H C E W O E M V E J D D H E T
L A A T F F I V I Y L A A V G
D R O L H E L O T W O R P I N
M E K I N S C A W A G K P V I
I F E V I L H J C A L V E S R
L F S S A P S E R T V E N E E
B O C H A N C E M Y E B E N F
R C H O E S L E W E J R D D F
I B O T W E N E I T S I D W O
N R R A J E W D S I D H O M E
G A T I S M O I T A E R G R A
C H A W R T E S A O C U R A C
```

A PROPHECY OF JESUS FROM WAY BACK. . .

The **sceptre** shall **not depart** from **Judah**, nor a **lawgiver** from **between his feet**, until **Shiloh come**; and **unto him** shall the **gathering** of the **people** be. **Binding** his **foal** unto **the vine**, and his ass's **colt** unto the **choice vine**; he **washed** his **garments** in **wine**, and his **clothes** in the **blood of grapes**: His **eyes shall be red** with wine, and his **teeth white with milk**.

(Genesis 49:10–12)

SECRET MESSAGE:

_____ _____ _____ _____ ___ _____ ____ ___

_____ ___ ___ _____ _____?

WORD SEARCH

```
W G A T H E R I N G H A T T V
W A S H E D E W R Y I M P H O
B R R T A J N T I E L P O E P
E M O C E A U N C N E D S V S
T E C T O Y R D O F E B E I J
W N N O T D E P A R T I H N E
E T S I L U S S E H S N T E P
E S O K V T E B T H E D O W O
N W H I T E W I T H M I L K T
R T E E T H C D S O F N C T E
H I U N T O H I M F S G A N E
C S E P A R G F O D O O L B F
L A W G I V E R I H E A N T S
P R O P H E R T P E C S L E I
C Y S H I L O H X L L A H S H
```

SEARCHED AND KNOWN

O lord, thou hast **searched** me, and known me. Thou **knowest** my **downsitting** and mine **uprising**, thou **understandest** my **thought afar** off. Thou **compassest** my **path** and my **lying** down, and art **acquainted** with all my **ways.** For there is not a **word** in my **tongue**, but, lo, O LORD, thou knowest it **altogether.** Thou hast **beset** me **behind** and **before**, and laid thine **hand** upon me. Such **knowledge** is too **wonderful** for me; it is **high**, I cannot **attain** unto it. Whither shall I go from thy **spirit**? or whither shall I **flee** from thy **presence**? If I **ascend** up into **heaven**, thou art there: if I **make** my **bed** in **hell**, behold, thou art there.

(PSALM 139:1–8)

WORD SEARCH

```
H  I  U  P  R  I  S  I  N  G  T  E  S  E  B
D  E  T  N  I  A  U  Q  C  A  R  I  H  T  E
N  C  A  Y  D  R  M  L  S  E  K  O  G  H  H
E  N  Q  V  T  E  C  A  H  P  B  N  J  G  I
C  E  U  H  E  S  R  T  T  D  I  E  F  U  N
S  S  K  L  I  N  E  S  U  T  B  R  D  O  D
A  E  F  N  A  G  B  Z  T  G  A  E  I  H  K
D  R  O  U  O  P  H  I  N  A  R  I  W  T  N
E  P  L  T  M  W  S  Y  M  O  N  J  N  D  O
H  O  L  I  O  N  L  U  F  R  E  D  N  O  W
C  A  E  Y  W  E  K  E  V  P  R  A  E  I  E
R  K  H  O  I  O  B  H  D  O  H  F  Y  S  S
A  L  D  J  D  N  G  I  W  G  P  A  T  H  T
E  M  A  K  E  U  G  N  O  T  E  R  S  E  W
S  Y  A  W  R  T  S  E  S  S  A  P  M  O  C
```

OFFERING OF THE LORD

(Exodus 35:1–19)

Altar

Ark

Brass

Candlestick

Cloths

<u>Fine linen</u>

<u>Goats' hair</u>

Gold

Incense

Israel

Lamps

Lord

Moses

Oil

Offering

Pillars

Pins

Sabbath

Silver

Skins

Stones

Tabernacle

Table

Wood

WORD SEARCH

```
C  A  A  N  D  S  K  I  N  S  D  R  O  L  I
P  R  O  A  L  T  E  S  C  D  N  A  C  S  L
K  L  T  F  A  O  B  R  L  E  R  N  R  T  I
I  A  U  P  F  N  P  A  O  A  T  A  E  O  O
G  M  M  O  S  E  W  L  T  H  E  P  S  N  K
O  P  O  I  K  S  R  L  H  L  T  I  N  P  F
A  S  E  S  O  M  R  I  S  C  A  L  E  I  O
B  S  A  B  B  A  C  P  N  A  B  L  C  N  O
G  O  A  T  S  H  A  I  R  G  L  E  N  S  W
W  C  L  O  D  N  E  N  I  L  E  N  I  F  S
O  T  A  L  C  S  A  B  B  A  T  H  B  A  S
O  B  O  A  F  O  L  N  E  C  N  I  R  R  A
D  G  J  T  E  L  C  A  N  R  E  B  A  T  R
C  A  N  D  L  E  S  T  I  C  K  A  T  L  B
O  F  F  R  A  T  L  A  B  R  E  V  L  I  S
```

OLDEST PEOPLE IN THE BIBLE

Methuselah (969, Genesis 5:27)

Jared (962, Genesis 5:20)

Noah (950, Genesis 9:29)

Adam (930, Genesis 5:5)

Seth (912, Genesis 5:8)

Cainan (910, Genesis 5:14)

Enos (905, Genesis 5:11)

Mahalaleel (895, Genesis 5:17)

Lamech (777, Genesis 5:31)

Shem (600, Genesis 11:10–11)

Eber (464, Genesis 11:16–17)

Arphaxad (438, Genesis 11:12–13)

Salah (433, Genesis 11:14–15)

Enoch (365, Genesis 5:23–24)

Peleg (239, Genesis 11:18–19)

Reu (239, Genesis 11:20–21)

Serug (230, Genesis 11:22–23)

Terah (205, Genesis 11:32)

Isaac (180, Genesis 35:28)

Abraham (175, Genesis 25:7)

Nahor (148, Genesis 11:24–25)

Jacob (147, Genesis 47:28)

Amram (137, Exodus 6:20)

Ishmael (137, Genesis 25:17)

Levi (137, Exodus 6:16)

Kohath (133, Exodus 6:18)

Jehoiada (130, 2 Chronicles 24:15)

Sarah (127, Genesis 23:1)

Aaron (123, Numbers 33:39)

Moses (120, Deuteronomy 34:7)

Joseph (110, Genesis 50:22)

Joshua (110, Judges 2:8)

WORD SEARCH

```
L S I N S E R U G J O S H U A
J M A S I L C T E R A H A T E
A L L E A M H S I R E R N B A
C S E A T A I A P P E L E G S
O A E V M S C H I D G R A D B
B X L S I E A B R A H A M S E
N O A H O X C L Y C A I N A N
A E L D A M A H A D B R S E O
H I A D A M H L A H K W O A C
O S H L R M D I K O T H W N H
R V A A B E O A L S E A O I R
S G M E T H U S E L A H H A N
O E D S E I A M R N P R E O D
A E T J O S E P H C O E A N K
Y M S H E M J E N E G S J H W
```

TWELVE TRIBES AND THEIR LEADERS
(Numbers 13:4–15)

Asher: Sethur

Benjamin: Palti

Dan: Ammiel

Ephraim: Oshea

Gad: Geuel

Issachar: Igal

Judah: Caleb

Manasseh: Gaddi

Naphtali: Nahbi

Reuben: Shammua

Simeon: Shaphat

Zebulun: Gaddiel

WORD SEARCH

```
I  S  I  N  S  E  T  H  U  N  O  E  M  I  S
O  S  U  J  A  G  A  D  D  I  E  L  P  A  N
I  S  S  A  R  H  U  I  L  A  T  H  P  A  N
I  D  D  A  G  V  B  A  E  Y  W  E  L  A  C
M  M  I  S  C  T  L  I  P  B  H  A  N  E  J
A  T  I  K  S  H  A  P  H  A  T  A  P  A  U
N  M  Z  J  U  D  A  H  R  A  A  S  H  E  D
A  X  E  J  A  D  E  R  A  M  D  U  J  G  A
S  A  B  Z  A  Q  E  N  I  M  A  J  N  E  B
S  S  U  G  R  U  E  I  M  I  J  A  P  U  I
E  H  L  A  B  U  T  W  O  E  M  E  C  E  B
H  E  U  E  R  L  U  H  N  L  A  H  I  L  E
Y  R  N  D  A  A  U  M  M  A  H  S  E  U  L
T  I  D  P  O  G  I  D  D  A  G  O  M  M  A
Z  E  B  U  L  I  R  U  H  T  E  S  S  O  C
```

FATHERS AND THEIR FAMOUS
(OR INFAMOUS) SONS

Aaron fathered **Abihu** and **Nadab**

David fathered **Absalom, Adonijah,** and **Amnon**

Eli fathered **Hophni** and **Phinehas**

Gideon fathered **Abimelech**

Hezekiah fathered **Manasseh**

Isaac fathered **Esau and Jacob**

Jehoshaphat fathered **Joram**

Josiah fathered **Jehoahaz, Jehoiakim,** and **Zedekiah**

Jotham fathered **Ahaz**

Samuel fathered **Abijah and Joel**

Solomon fathered **Rehoboam**

WORD SEARCH

```
J  H  C  E  L  E  M  I  B  A  W  T  I  L  E
N  E  D  F  W  M  A  R  O  J  A  Y  G  H  S
O  B  H  A  I  K  E  Z  E  H  P  F  N  A  A
E  V  O  O  P  Y  U  S  P  L  M  O  U  J  H
D  J  P  L  I  S  A  A  C  A  R  N  Y  I  E
I  A  H  N  K  A  H  Q  O  A  H  O  J  B  N
G  D  N  E  A  S  K  B  A  E  S  N  E  A  I
E  O  I  J  O  D  O  I  S  W  R  M  H  L  H
U  N  Y  H  A  H  A  S  M  U  U  A  O  N  P
H  I  E  L  E  C  A  B  A  H  O  T  A  O  K
A  J  T  R  K  N  O  S  I  M  A  I  H  M  B
I  A  G  L  A  Z  E  B  Z  A  U  X  A  O  N
S  H  E  M  S  H  A  I  K  E  D  E  Z  L  C
O  O  Z  A  H  A  G  J  A  B  S  A  L  O  M
J  O  T  H  A  M  K  D  I  V  A  D  U  S  E
```

nine

JUDAS MAKES PLANS

Now the **feast** of **unleavened bread** drew **nigh**, which is called the **Passover**. And the **chief priests** and **scribes** sought how they might kill him; for they **feared** the people. Then entered **Satan** into **Judas** surnamed **Iscariot**, being of the number of the **twelve**. And he went his way, and **communed** with the chief priests and **captains**, how he might **betray** him unto them. And they were glad, and **covenanted** to give him **money**. And he **promised**, and sought opportunity to betray him unto them in the **absence** of the **multitude**.

(LUKE 22:1–6)

WORD SEARCH

```
O  G  I  R  A  P  E  X  I  P  S  A  D  U  J
D  E  S  I  M  O  R  P  E  S  E  W  E  N  F
R  N  C  E  F  R  U  A  C  H  E  C  D  L  R
A  Y  A  R  T  E  B  T  T  E  O  K  D  E  E
E  N  R  T  I  C  O  P  D  V  D  H  I  A  A
V  G  I  A  A  T  A  U  E  J  E  G  N  V  B
L  E  O  N  D  S  T  N  S  C  R  I  B  E  S
E  J  T  O  S  I  A  A  D  M  A  C  C  N  E
W  U  M  O  T  N  K  E  U  P  E  S  A  E  N
T  I  V  L  T  Y  N  N  J  O  F  I  P  D  C
B  E  U  E  B  U  I  F  I  L  Y  R  T  P  E
R  M  D  E  M  L  N  K  E  G  T  Q  A  E  O
E  C  L  M  O  N  E  Y  R  A  H  U  I  D  I
A  E  O  M  O  K  N  G  T  S  S  O  N  A  N
D  C  H  I  E  F  P  R  I  E  S  T  S  R  T
```

10

JESUS' GENEALOGY, PART 1

The **book** of the **generation** of <u>**Jesus Christ**</u>, the <u>**son of David**</u>, the son of **Abraham**. Abraham begat **Isaac**; and Isaac begat **Jacob**; and Jacob begat **Judas** and his **brethren**; and Judas begat Phares and Zara of **Thamar**; and Phares begat **Esrom**; and Esrom begat **Aram**; and Aram begat **Aminadab**; and Aminadab begat **Naasson**; and Naasson begat **Salmon**; and Salmon begat **Booz** of **Rachab**; and Booz begat **Obed** of Ruth; and Obed begat **Jesse**; and Jesse begat David <u>**the king**</u>; and David the king begat **Solomon** of her that had been the <u>**wife of Urias**</u>. . . .

(MATTHEW 1:1–6)

WORD SEARCH

```
A  J  R  T  I  A  M  J  E  S  R  O  M  G  P
L  S  M  M  D  J  B  S  P  E  K  T  O  I  K
E  K  A  O  I  Q  E  R  J  H  J  A  C  O  B
S  E  W  U  V  H  O  S  E  U  A  P  S  B  K
A  M  I  N  A  D  A  B  S  T  D  R  H  E  F
L  T  F  E  D  B  A  I  U  E  H  A  E  D  O
M  R  E  W  F  M  R  M  S  P  I  R  S  S  T
O  L  O  L  O  Y  A  A  C  A  O  C  E  Z  H
N  H  F  B  N  E  M  A  H  M  A  N  S  N  E
B  T  U  S  O  F  N  B  R  A  O  C  O  A  K
U  E  R  T  S  O  E  R  I  S  M  B  L  R  I
L  M  I  W  U  G  Z  C  S  N  O  Q  O  Y  N
T  H  A  M  A  R  H  A  T  E  L  V  M  O  G
V  Y  S  T  E  R  A  C  H  A  B  X  O  N  K
C  W  N  J  D  N  O  I  T  A  R  E  N  E  G
```

eleven

JESUS' GENEALOGY, PART 2

And **Solomon** begat Roboam; and **Roboam** begat Abia; and **Abia** begat Asa; and **Asa begat** Josaphat; and **Josaphat** begat Joram; and **Joram** begat Ozias; and **Ozias** begat Joatham; and **Joatham** begat Achaz; and **Achaz** begat Ezekias; and **Ezekias** begat Manasses; and **Manasses** begat Amon; and **Amon** begat Josias; and **Josias** begat **Jechonias** and **his brethren**, about **the time** they were **carried away** to **Babylon**.

(MATTHEW 1:7–11)

WORD SEARCH

```
N Y M O L U E B K A L J H P I
L D A G D I J O A T H A M K Z
P J H C Y W L J Y R H K Y O H
O A J I H D S A O U H A T C Y
K M E Y S A O S F R W L R N T
L S C M I B Z A B A A H O E U
P J H Z L S R B D B T M B N N
E O O C A E Z E K I A S O U O
U S N S X G I G T A T M A F L
Q A I E I R N A L H O Q M S Y
N P A W R A L T E L R S D M B
V H S A I Z S T O E L E H C A
R A C P B E I S Z V B Y N H B
N T I S A M A N A S S E S Q W
S K N A E T O C E U H D V T E
```

twelve

JESUS' GENEALOGY, PART 3

And after they were **brought** to **Babylon**, **Jechonias** begat Salathiel; and **Salathiel begat** Zorobabel; and **Zorobabel** begat Abiud; and **Abiud** begat Eliakim; and **Eliakim** begat Azor; and **Azor** begat Sadoc; and **Sadoc** begat Achim; and **Achim** begat Eliud; and **Eliud** begat Eleazar; and **Eleazar** begat Matthan; and **Matthan** begat Jacob; and **Jacob** begat **Joseph** the **husband of Mary**, of whom was born **Jesus**, who is **called Christ**.

(MATTHEW 1:12–16)

WORD SEARCH

```
F J Q G R A C H I M S E R C K
B S Z O R O B A B E L J T A U
N A H T T A M X C T Y D O L Z
B R O U G H T A F J N N A L A
E K B J S L K W A U O I P E V
G R P H Q B C Z B Q L S L D L
A I O E L I A K I M Y R E B W
T H C L P T D N U G B M I P C
A U D E X S E V D B A V H X H
L Q M A O U Y N O O B S T M R
I V S Z I S J C Y K F L A E I
H G N A W E A Z F H G M L Y S
A Z O R D J E C H O N I A S T
E S F E T O B U C E U W S R B
D P O G A F C N Z D X M D C Y
```

SIMEON AND HIS PROPHECY

(Luke 2:25–35)

<u>Blessed God</u>	Peace
Brought	People
<u>Child Jesus</u>	Pierce
Consolation	Prepared
Depart	Revealed
Devout	Salvation
Gentiles	Servant
Hearts	Sign
<u>Holy Ghost</u>	Simeon
Israel	Soul
Jerusalem	Spirit
Joseph	Spoken
Lighten	Sword
<u>Lord's Christ</u>	Temple
Marvelled	Thoughts
<u>Mary his Mother</u>	Waiting

WORD SEARCH

```
S T R A P E D E L L E V R A M
C O E I D E L A E V E R P A E
H E A R T S I R H C S D R O L
U R N P E T U O V E D Y E T A
S E R V A N T S C I H O P H S
U C O N S O L A T I O N A G U
S N D O G D E S S E L B R U R
E C R E I P R M S L Y U E O E
J T O M R V O A I U G X D R J
D I W I S T H G U O H T N B E
L N S S H O H P E S O J E R L
I S A E S T I R I P S T K O P
H I R C E S A L V A T I O N O
C G E N T I L E S T E M P L E
G N I T I A W N L E A R S I P
```

fourteen

ANNA THE PROPHETESS

(Luke 2:36–38)

Anna	Looked
Aser	Night
Coming	Phanuel
Daughter	Prayers
Day	Prophetess
Departed	Redemption
Fastings	Served
<u>Four years</u>	<u>Seven years</u>
Fourscore	Spake
<u>Great age</u>	Temple
Husband	Thanks
Instant	Tribe
Jerusalem	Virginity
Likewise	Widow
Lived	

WORD SEARCH

```
S E A T N A T S N I S A L E M
K G H U B E R O C S R U O F E
N W Y N E S I W E K I L O P L
A O T E B I R T S E H V K T E
H D I L E M E L A S U R E J C
T I N T M H R V E S S E D O Y
A W I E P L E R R I B L M S S
P D G O Y M V A R B A I C R G
S E R G I E E E Y A N V A E N
V P I R D Y T D N G D E T Y I
E A V W N H N N E E Y D E A T
K R B E G I A S E R Y E M R S
A T V U G W L E U N A H P P A
P E A H R O W O H A D J L A F
S D T I S A F E G A T A E R G
```

fifteen

FAITH MOVES MOUNTAINS

<u>**Have faith**</u> in **God**. For **verily** I say unto you, That **whosoever** shall say unto this **mountain, <u>Be thou removed</u>**, and be thou <u>**cast into the sea**</u>; and <u>**shall not doubt**</u> in his **heart**, but shall **believe** that those things which <u>**he saith shall come to pass**</u>; he shall have **whatsoever** he saith. Therefore <u>**I say unto you**</u>, What **things** soever ye **desire**, when ye **pray**, believe that ye **receive** them, and ye shall have them.

(Mark 11:22–24)

WORD SEARCH

```
J  N  W  M  K  R  E  C  E  I  V  E  C  P  S
S  I  H  O  G  G  A  S  L  J  E  N  A  K  S
A  E  O  U  O  Y  O  T  N  U  Y  A  S  I  A
H  T  S  N  D  P  R  M  Q  T  P  O  T  T  P
A  S  O  T  G  V  R  E  R  I  L  S  I  A  O
V  G  E  A  P  V  K  A  C  E  N  J  N  H  T
E  N  V  I  M  I  E  T  Y  V  K  T  T  T  E
F  I  E  N  Q  H  S  R  O  E  S  G  O  I  M
A  H  R  O  L  J  L  Z  I  I  R  E  T  A  O
I  T  B  U  O  D  T  O  N  L  L  A  H  S  C
T  J  K  I  Z  S  R  M  A  E  Y  P  E  E  L
H  G  D  E  S  I  R  E  J  B  I  G  S  H  L
P  E  N  A  O  J  P  S  T  Q  N  A  E  S  A
I  W  H  A  T  S  O  E  V  E  R  J  A  N  H
P  D  E  V  O  M  E  R  U  O  H  T  E  B  S
```

THE VALLEY OF VISION
(Isaiah 22:1–14)

Archers	Housetops
Armour	Iniquity
Baldness	Isaiah
Battle	Joyous
Bitterly	<u>Lord GOD of Hosts</u>
Breaches	Mourning
<u>Breaking down</u>	Purged
Burden	Quiver
Chariot	Said
Daughter	Shield
David	Slain
Dead	Spoiling
Ditch	Thou
Forest	Treading
Gate	Tumultuous
Horsemen	<u>Valley of vision</u>

WORD SEARCH

```
Y  L  R  E  T  T  I  B  O  S  I  N  G  I  N
S  S  A  U  D  I  T  C  H  T  S  A  N  O  R
E  P  T  H  O  U  S  I  X  U  T  W  I  S  A
H  O  R  S  E  M  E  N  O  E  O  S  D  U  D
C  T  D  L  O  L  R  Y  T  D  I  A  A  O  Y
A  E  N  A  D  H  O  A  G  V  C  I  E  U  T
E  S  A  I  E  J  F  N  F  E  H  D  R  T  I
R  U  G  N  I  L  I  O  P  S  O  I  T  L  U
B  O  T  O  L  K  Y  S  D  R  E  V  I  U  Q
U  H  O  D  A  E  D  N  A  O  R  A  D  M  I
R  T  I  E  L  T  T  A  B  I  G  D  E  U  N
D  O  R  L  R  E  T  H  G  U  A  D  G  T  I
E  B  A  L  D  N  E  S  S  W  O  H  R  D  N
N  V  H  O  R  S  H  G  N  I  N  R  U  O  M
A  R  C  H  E  R  S  X  E  P  R  E  P  U  L
```

seventeen

APOCALYPSE
(Revelation 6)

<u>Able to stand</u>

Altar

Balances

Barley

Beasts

Black

Blood

Bow

<u>Come and see</u>

Conquering

Crown

Death

Earth

Earthquake

<u>Great day</u>

<u>Great sword</u>

Hell

Hunger

Kill

Measure

Moon

Pale

Peace

Penny

Power

Red

Seals

Slain

Souls

Stars

Sun

Testimony

Thunder

Wheat

<u>White horse</u>

<u>Word of God</u>

<u>Wrath of the Lamb</u>

WORD SEARCH

```
A K I E S R O H E T I H W N B
L T E S T I M O N Y A M R S L
T B L O O D P M C W H E A T A
A R A U N R R O B S R A T S C
R E S L A E S O W I E S H A K
G D A S A G W N W E D U O E W
R N I R L N I L E S R R F B O
E U I B T U C S S A T E T S R
A H E R L H D E L M S A H T D
T T E L E N Q E S L H I E A O
D D E C A U L U A L T T L R F
A H A E S A Q I A I R W A S G
Y E M U P E N N Y K A Y M E O
P O N D N A T S O T E L B A D
C B A R L E Y E L C R O W N L
```

eighteen

FALL OF AI

And the LORD said unto **Joshua**, **Stretch** out the **spear** that is in thy **hand** toward **Ai**; for I will **give** it into thine hand. And Joshua stretched **out** the spear that he had in his hand **toward** the **city**. And the **ambush arose quickly** out of their **place**, and they **ran** as **soon** as he had stretched out his hand: and they **entered** into the city, and **took** it, and **hasted** and **set** the city on **fire**.

(JOSHUA 8:18–19)

WORD SEARCH

```
L O R J O S H U W T S E J C H
S T R K O O T A R O P S O P A
T S P E A R E N T W F L S T S
R I G S U B M A N A R A H G P
E O E T Q L O R X R U Q U K L
T T U O U D O A H D U R A V A
C T O W I T O R P I I R L P C
C F R H C U Q E D S O O R L E
K E P A K I A E P S E A L A L
A Q E S L U M D E R E T N E C
Y U V T Y Y B E I V B O O S H
F I I E T O U F T O W A R A Y
I C G D L A S A M S O O N O T
R K T N E P H M T N E D F O I
H C T E R T S E R E T N E S C
```

nineteen 19

DEAD AND MOURNED

Aaron (Numbers 20:23–29)

Abraham (Genesis 25:7–11)

Child of Jairus (Mark 5:35–43)

David (1 Kings 2:1–11)

Deborah (Genesis 35:8–9)

Dorcas (Acts 9:36–42)

Isaac (Genesis 35:27–29)

Jacob (Genesis 50:1–13)

Joseph (Genesis 50:22–26)

Joshua (Joshua 24:29–30)

Lazarus (John 11:1–46)

Miriam (Numbers 20:1)

Moses (Deuteronomy 34, Jude 1:9)

Rachel (Genesis 35:16–20)

Samuel (1 Samuel 25:1)

Sarah (Genesis 23:1–20)

Shunammite's son (2 Kings 4:18–37)

Widow of Nain's son (Luke 7:11–18)

Widow's son (1 Kings 17:17–24)

WORD SEARCH

```
C  V  B  E  I  P  W  Q  D  X  I  Z  P  M  K
W  I  D  O  W  O  F  N  A  I  N  S  S  O  N
R  N  S  M  B  U  E  N  V  E  S  U  A  O  G
G  Y  U  G  O  I  O  B  I  S  R  A  S  A  H
H  T  R  N  C  R  D  Z  D  A  Q  S  R  O  C
E  P  I  E  A  M  S  J  Z  N  E  N  D  A  I
R  Q  A  A  J  A  O  A  O  T  O  H  A  B  H
Z  S  J  Y  C  O  L  S  I  S  A  L  B  W  U
O  C  F  R  G  H  S  M  E  R  E  J  R  Q  J
P  W  O  S  F  W  M  H  O  S  K  P  A  Z  R
E  D  D  A  O  A  Y  B  U  I  U  L  H  S  A
A  Q  L  D  N  R  E  G  X  A  T  Y  A  F  C
Z  R  I  U  O  D  U  M  A  I  R  I  M  P  H
U  W  H  E  S  I  Q  P  O  E  F  R  O  K  E
E  S  C  V  C  D  A  L  D  S  A  M  U  E  L
```

BALAAM AND HIS TALKING DONKEY

(Numbers 22:21–33)

Adversary

Alive

Angel of the Lord

Anger

Aside

Balaam

Drawn

Eyes

Kill

Kindled

Mocked

Mouth

Opened

Path

Perverse

Princes of Moab

Riding

Saddled his ass

Saved

Slain

Smitten

Smote

Staff

Standing

Stood

Sword

Three times

Turned

Two servants

Vineyards

Wall

Withstand

WORD SEARCH

```
A D A B A L L A A M A W O R D
S D R A Y E N I V L S S L Y R
K O M O C K E D I D S L R W A
E S A M L O R E D M A A L A B
S T A F F E D R O W S I V N A
R N M O U T H T A R I N E E L
E A T S E Y E T E D H O V K D
V V D E M H D V F O D D I R E
R R R C O I D Y B O E L L R L
E E A N N A T A O R L D A I D
P S W I T H S T A N D E N D N
A O N R K E S I E O D N G I I
T W O P E N E D D N A R E N K
H T H R E E T I M E S U R G A
S O P A T G N I D N A T S N O
```

THE COMING OF GOD'S PROMISE

The former **treatise** have I made, O **Theophilus**, of all that **Jesus** began both to do and **teach**, until the day in which he was taken up, after that he through the <u>**Holy Ghost**</u> had given **commandments** unto the **apostles** whom he had chosen: to whom also he shewed himself alive after his **passion** by many **infallible** proofs, being seen of them <u>**forty days**</u>, and speaking of the things pertaining to the <u>**kingdom of God**</u>: and, being **assembled** together with them, **commanded** them that they should not depart from **Jerusalem**, but wait for the **promise** of the **Father**, which, saith he, ye have heard of me. For **John** truly **baptized** with **water**; but ye shall be baptized with the Holy Ghost not many days **hence**.

(ACTS 1:1–5)

WORD SEARCH

```
F O H G J T H E O P H I L U S
P I R C W N C S E L T S O P A
A N I H Y S A T W A R U B R S
J F S C K Y E N H B E S O O S
E A C G W A T E R A A E N M E
R L O R D D E M H P T J L I M
U L M S H Y Q D F T I I D S B
S I M T O T U N I I S B U E L
A B A L L R Y A N Z E H N W E
L L N N Y O J M O E P E O R D
E E D O G F O M O D G N I K M
M C E R H C H O L D Q C S O N
I O D R O K N C Y W U E S P D
U N G T S E N S T G E K A H O
O M F A T H E R G R E E P T L
```

twenty-two

BIBLICAL BETRAYERS

Adam

Amnon

Cain

David

Delilah

Ehud

Eve

Jael

Joseph's brethren

Judas Iscariot

King Herod

Laban

Lot's wife

Money changers

Pharaoh

Pontius Pilate

Rachel

Serpent

Tamar

The Israelites

WORD SEARCH

```
J  F  U  Z  R  D  T  Q  P  H  A  R  A  O  H
L  O  I  T  U  S  O  Z  I  X  E  F  M  K  O
S  M  S  H  A  X  J  A  E  L  T  T  O  L  M
K  L  E  E  F  J  U  U  A  L  A  S  N  O  J
X  T  R  I  P  I  D  K  C  M  L  P  E  T  T
D  J  P  S  A  H  A  V  A  S  I  U  Y  S  R
O  M  E  R  T  U  S  R  I  F  P  Q  C  W  A
R  Q  N  A  O  R  I  B  N  A  S  I  H  I  C
E  A  T  E  M  P  S  Z  R  J  U  T  A  F  H
H  P  R  L  X  L  C  K  Q  E  I  L  N  E  E
G  N  J  I  F  A  A  O  V  P  T  R  G  O  L
N  O  L  T  K  I  R  E  R  S  N  H  E  P  A
I  N  T  E  Z  D  I  V  A  D  O  J  R  X  B
K  M  P  S  S  J  O  P  U  M  P  T  S  E  A
O  A  D  A  M  F  T  D  E  L  I  L  A  H  N
```

 *twenty*23*three*

SEVEN DAYS

(All of these are associated
with "seven days" in the Bible.)

Atonement (Exodus 29:37)

Cleansing (Leviticus 15:13)

Consecration (Leviticus 8:33)

Dwell in **booths**
(Leviticus 23:42)

Fasts (1 Samuel 31:13;
2 Samuel 12:16-22)

Feast of **Ahasuerus** (Esther 1:1-5)

Feast of **Tabernacles**
(Leviticus 23:34, 42)

Feasting (1 Kings 8:65)

Jericho march (Joshua 6:4)

Mourning (Genesis 50:10)

Passover (Ezekiel 45:21)

Plague of the **scall**
(Leviticus 13:31)

Plagues (Exodus 7:19–25)

Sabbath (Exodus 20:11)

Sent out the **dove**
(Genesis 8:10–12)

Shut up the house
(Leviticus 14:38)

Sin offering (Ezekiel 43:25)

Tarrying (1 Samuel 10:8; 13:8,
Acts 21:4, Acts 28:14)

Unclean (Leviticus 12:2, 15:19,
24; Numbers 19:11)

Unleavened bread (Exodus 13:7)

WORD SEARCH

```
S G N I T S A E F S D B N E D
H H A T H M C J U F T O S L A
T I T T A S O R E N L U V G E
A J O A T R E U E R O M N E R
B O E S B U R M R H I I B K B
B U A R S E E Y E N R C R P D
A F E A I N R H I E I E H Y E
S G H S O C T N F N V N S O N
U A W T R P A F A O G J G T E
P L A G U E O F S C A L L R V
A Y X T L N V S D U L F A S A
F C U C I B A O M R T E C W E
G H N S K P L A G U E S S E L
S U W C O N S E C R A T I O N
C L E A N S I N G C I R E J U
```

REWARD FOR GODLY FAMILIES

Blessed is <u>**every one**</u> that **feareth** the Lord; that **walketh** <u>**in his ways**</u>. For thou shalt **eat** the **labour** of <u>**thine hands**</u>**:** **happy** shalt thou be, and <u>**it shall be well**</u> with thee. Thy **wife** shall be as a <u>**fruitful vine**</u> by the **sides** of thine **house:** thy **children** like <u>**olive plants**</u> round about thy **table.**

(Psalm 128:1–3)

WORD SEARCH

```
I  Z  H  O  U  S  E  S  B  C  Q  R  D  B  F
T  P  P  D  T  R  Q  T  A  L  D  A  P  Z  R
S  C  V  S  L  A  B  O  U  R  O  L  C  S  U
H  B  T  A  P  L  B  C  O  O  V  W  A  E  I
A  F  H  T  R  Z  W  L  T  A  F  O  E  N  T
L  E  I  H  T  E  R  A  E  F  T  L  H  D  F
L  L  N  W  A  T  B  V  S  S  T  I  V  R  U
B  B  E  V  E  R  Y  O  N  E  S  V  B  A  L
E  A  H  V  A  B  L  D  R  W  W  E  L  F  V
W  T  A  W  C  F  Q  O  A  Z  C  P  D  W  I
E  S  N  H  A  P  P  Y  O  E  D  L  O  D  N
L  C  D  Z  R  T  S  F  S  B  A  Q  L  E
L  D  S  I  D  E  S  I  Q  P  V  N  C  F  L
V  F  P  P  R  O  W  A  L  K  E  T  H  Z  P
C  H  I  L  D  R  E  N  L  F  D  S  R  B  A
```

twenty-five

A VIRGIN BIRTH

And the **angel** said unto her, **Fear not**, Mary: for thou hast **found favour** with God. And, behold, thou shalt **conceive** in **thy womb**, and bring **forth** a son, and shalt call his name Jesus. He **shall be great**, and shall be called the **Son of the Highest**: and the **Lord God** shall give unto him the **throne** of his **father David**: And he shall **reign** over the **house of Jacob** for ever; and of his **kingdom** there shall be no end. Then said **Mary** unto the angel, How shall this be, seeing I **know not a man**? And the angel **answered** and said unto her, The **Holy Ghost** shall come upon thee, and the **power** of the Highest shall **overshadow** thee: therefore also that holy **thing** which shall be **born of thee** shall be called the Son of God.

(Luke 1:30–35)

WORD SEARCH

```
T H I N G S A P O A Z J Y C R
H B G C H O L Y G H O S T O E
Y S N D B N V Q M L C K B N W
W H M F X O B E H T R O F C O
O A O O A F R Y R E S E A E P
M L D U E T W N N S A U X I N
B L G N S H H O O R H Z S V M
D B N D O E R E N F M A G E L
E E I F P H O O R F T A D O J
R G K A T I T F A D E H R O L
E R F V Q G C R J N A D E Y W
W E G O F H V S U A G V H E I
S A H R R E I G N O C E I R S
N T I E D S J T D U K O L D V
A N A M A T O N W O N K B W T
```

twenty-**26**-six

BIBLE POWER

For the **word of God** is **quick**, and **powerful**, and **sharper** than any **twoedged sword**, **piercing** even to the **dividing asunder** of **soul and spirit**, and of the **joints** and **marrow**, and is a **discerner** of the **thoughts** and **intents** of the **heart**. Neither is there **any creature** that is not **manifest in his sight**: but **all things** are **naked** and opened unto **the eyes** of him with whom we **have to do**.

(Hebrews 4:12–13)

WORD SEARCH

```
R M D I S C E R N E R W F O A
G A Y R E P R A H S E R S E L
T N O D O T E V A H P T R S L
H I I F A W I O R V N U O E T
O F N D L R S W M E T U S Y H
U E H R I W T D T A L E A E I
G S I E H V O N E A R D G E N
H T S D R L I R N G E R I H G
T Q S N P G C D D J D N O T S
S U I U O Y S D Y O L E Y W T
A I G S N P T E E I F S O J L
E C H A I R D K O N W G I W S
T K T R A T O A U T E O O M T
H P I E R C I N G S N P K D D
V T H W B E L U F R E W O P O
```

THREES OF THE BIBLE

Angels

Bowls

Branches

Cities

<u>Days and nights</u>

Faith, hope, and charity

Flocks

Gates

Loaves

<u>Mighty men</u>

Shadrach, Meshach, and
   Abednego

<u>Shekels of silver</u>

<u>Sons of Benjamin</u>

<u>Sons of Noah</u>

<u>Sons of Zeruiah</u>

Tabernacles

Teeth

Transgressions

<u>White baskets</u>

<u>Wise men</u> (maybe!)

Witnesses

WORD SEARCH

```
M H Z A O H C A R D A H S E C
W C O G E N D E B A H O P E N
I A T C H A R I T Y N F Z S L
S H E K E L S O F S I L V E R
E S O N S O F N O A H O U S S
M E Z U H A X F U N L C T S E
E M R T S V Z O S D E K O E L
N O E E X E T L R N C S X N C
C E T L R S W S E I T I C T A
T A E U A O T A N G E L S I N
G L I C B R A N C H E S Z W R
F A I T H M I G H T Y M E N E
H Z W H I T E B A S K E T S B
S O N S O F B E N J A M I N A
Z S N O I S S E R G S N A R T
```

TENS OF THE BIBLE

Acres	<u>Joseph's brethren</u>
Baths	Kings
Bulls	Loaves
Camels	<u>Mighty men</u>
Candlesticks	Princes
Cheeses	Shekels
Cities	<u>Sons of Haman</u>
Commandments	Strings
Crowns	Tables
Curtains	<u>Talents of silver</u>
<u>Fat oxen</u>	Tribes
Foals	Virgins
Horns	Women

WORD SEARCH

```
Z A E O H U J A C R E S B H O
R E V L I S F O S T N E L A T
C R O W N S E H P R I N C E S
J O S E P H S B R E T H R E N
W O M E N U O U S G N I K J I
T J D M Q B Z L E C O T B N G
H K D C A M E L S U A F A E R
U S T R I N G S L R U A T M I
T R I B E S D J E T B T H Y V
Q T A B L E S M K A Q O S T D
A F O A L S J K E I R X C H K
D C I T I E S A H N E E J G Z
T L O A V E S O S S T N E I A
B N A M A H F O S N O S T M P
H E U S K C I T S E L D N A C
```

DOZENS OF THE BIBLE

Angels	Manner of fruits
Apostles	Oxen
Baskets	Patriarchs
Brethren	Pearls
Bullocks	Princes
Cakes	Rams
Cities	Rods
Disciples	Silver bowls
Foundations	Stars
Gates	Stones
Golden spoons	Thrones
Legions of angels	Tribes of Israel
Lions	Wells of water

WORD SEARCH

```
L E G I O N S O F A N G E L S
R G S D I S C I P L E S C X T
E X I I N E R H T E R B G F A
T S L E G N A E Q A E B K O R
A D V C K B X W E R A E D U S
W X E G O L D E N S P O O N S
F S R A X I T E K I R T I D H
O E B T E O K E S F I Q S A C
S L O E N N T E W O N R E T R
L T W S Q S K I C S C O N I A
L S L D R A M S G E E D O O I
E O S K C O L L U B S S R N R
W P E A R L S G X I T C H S T
M A N N E R O F F R U I T S A
S T O N E S X C I T I E S G P
```

THE GREAT COMMISSION

Then the **eleven disciples** went away into **Galilee**, into a **mountain** where **Jesus** had **appointed** them. And when they saw him, they **worshipped** him: but some **doubted**. And Jesus came and spake unto them, saying, All **power** is given unto me in **heaven** and in **earth**. Go ye therefore, and **teach** all **nations**, **baptizing** them in the **name** of the **Father**, and of the **Son**, and of the <u>**Holy Ghost**</u>: Teaching them to **observe** all things whatsoever I have **commanded** you: and, lo, I am with you **always**, even unto the **end** of the **world**. **Amen**.

(MATTHEW 28:16–20)

WORD SEARCH

```
D E T B U O D H O L Y G H R Q
B L E L E N L E O S P O W E R
A E E M A E A A R E T H O Y P
P V Y M A E H V B E A N R T O
T E E W O T R E D L S U S E J
I N L L R E F N N I O W H A S
Z X F A T H E R E L N O I C Y
I D E T N I O P P A N R P H A
N T N I S O P P A G U L P O W
G U D S N B A P T I Z D E Z L
J N O C O M M A N D E D D I A
E S E Q I J E S E V R E S B O
M O U N T A I N D I S C I P L
W O R L A H O L Y G H O S T U
V A M E N T S E L P I C S I D
```

NATIONALITIES IN THE OLD TESTAMENT

Accadians (Genesis 10:10)

Ammonites (Jeremiah 49:1)

Amorites (1 Samuel 7:14)

Arabians (2 Chronicles 17:11)

Assyrians (2 Kings 19:35)

Babylonians (Ezra 4:9)

Canaanites (Genesis 10:18)

Chaldeans (Daniel 3:8)

Edomites (1 Kings 11:1)

Egyptians (Genesis 12:14)

Hittites (Joshua 1:4)

Hivites (Joshua 11:19)

Jebusites (2 Samuel 5:6)

Libyans (Jeremiah 46:9)

Medians (Daniel 5:28–31)

Midianites (Genesis 37:36)

Moabites (2 Samuel 8:2)

Perizzites (Genesis 34:30)

Persians (Esther 1:19)

Philistines (Judges 13:1)

Syrians (2 Kings 5:2)

WORD SEARCH

```
M  U  M  R  S  E  T  I  Z  Z  I  R  E  P  S
E  C  M  O  A  B  I  T  E  S  I  S  J  N  Y
D  A  G  I  F  D  O  B  N  R  E  T  A  E  R
I  N  B  H  D  K  K  A  E  N  P  I  D  M  I
A  A  J  A  C  I  I  P  I  Y  R  E  M  A  S
N  A  S  M  B  S  A  T  G  Y  M  S  X  N  Z
S  N  K  S  R  Y  S  N  S  P  N  O  A  S  Z
N  I  L  E  Y  I  L  E  I  A  C  E  L  E  S
A  T  P  T  L  R  T  O  I  T  D  F  I  T  E
I  E  A  I  O  I  I  T  N  L  E  M  B  I  T
D  S  H  M  N  P  P  A  A  I  L  S  Y  R  I
A  P  C  O  U  Y  J  H  N  O  A  Y  A  O  T
C  O  M  D  G  W  C  K  U  S  V  N  N  M  T
C  M  W  E  J  E  B  U  S  I  T  E  S  A  I
A  R  A  B  I  A  N  S  S  E  T  I  V  I  H
```

CROWDS FOLLOW JESUS

But **Jesus** withdrew himself with his **disciples** to the **sea**: and a great **multitude** from **Galilee** followed him, and from **Judaea**, and from **Jerusalem**, and from **Idumaea**, and from beyond **Jordan**; and they about **Tyre** and **Sidon**, a great multitude, when they had heard what **great things** he did, came unto him. And he spake to his disciples, that a small **ship** should **wait** on him because of the multitude, lest they should **throng** him. For he had **healed** many; **insomuch** that they **pressed** upon him for to **touch** him, as many as had **plagues**. And **unclean spirits**, when they saw him, **fell down** before him, and cried, saying, Thou art the **Son of God**. And he **straitly charged** them that they should not make him **known**.

(MARK 3:7–12)

WORD SEARCH

```
P  L  S  E  U  G  A  L  P  I  D  U  S  E  J
A  E  A  D  U  J  H  E  A  L  E  C  N  U  E
A  Q  Y  L  T  I  A  R  T  S  S  P  I  H  S
S  T  R  G  O  F  G  S  O  N  S  K  T  W  U
T  J  E  R  U  S  A  L  E  M  E  P  Y  A  S
R  C  H  E  C  H  L  I  D  U  R  L  R  F  I
E  H  S  A  H  D  I  S  C  I  P  L  E  S  D
D  A  O  T  Y  O  L  S  I  D  T  L  N  K  O
U  R  N  T  Y  W  E  T  O  U  L  N  K  N  N
T  G  O  H  B  N  E  W  A  M  E  R  G  O  A
I  E  F  I  G  A  L  H  E  A  L  E  D  W  E
T  D  G  N  O  R  H  T  W  E  U  D  I  N  L
L  M  O  G  D  R  O  J  N  A  D  R  O  J  C
U  U  D  S  P  I  R  I  T  S  I  D  U  J  N
M  U  L  I  N  S  O  M  U  C  H  T  Y  R  U
```

WHY JESUS WAS BORN
IN BETHLEHEM

But thou, **Bethlehem Ephratah**, though thou be **little** among the **thousands** of **Judah**, yet <u>**out of thee**</u> shall he **come** forth unto me that is to be **ruler** in **Israel**; whose <u>**goings forth**</u> have been from of old, from **everlasting. Therefore** will he <u>**give them up**</u>, until the **time** that she which **travaileth** hath **brought** forth: then the **remnant** of his **brethren** shall **return** unto the **children** of Israel.

(MICAH 5:2–3)

WORD SEARCH

```
E R O F E R E H T N A N M E R
I O H B R E T H R E N H W G F
Z U G R A N Y B X O C A N L D
M T H O U S A N D S H T E V P
L O K U I Q F R G T D A R U E
J F V G Z N U A E B R R D Q G
D T W H E Y G L X S E H L K I
X H J T H P I S I C F P I T V
R E L U R A T S F T S E H R E
K E I W V O D T C O T D C J T
Y M L A M I V U H O R L G S H
L I R E T U R N J H M T E I E
Z T K A N J B E T H L E H E M
M B E V E R L A S T I N G R U
A H C N G B U O F P C E Q D P
```

HOW WAS JESUS BORN IN BETHLEHEM

And it **came to pass** in **those days**, that there went out a **decree** from **Caesar Augustus** that all the **world** should be **taxed**. (And this taxing was first made when **Cyrenius** was **governor** of **Syria**.) And all went to be taxed, **every one** into his own city. And **Joseph** also went up from **Galilee**, out of the **city of Nazareth**, into **Judaea**, unto the city of **David**, which is called **Bethlehem**; (because he was of the **house** and **lineage** of David:) To be taxed with **Mary** his **espoused wife**, being **great with child**. And so it was, that, while they were there, the days were **accomplished** that she should be **delivered**.

(Luke 2:1–6)

SECRET MESSAGE:

____ ____ ____ ____ ____ ___ ___ ___ ____

_____ ___ _____?

WORD SEARCH

```
S U T S U G U A C W E H A T W
B G A L I L E E I A N S T T A
E R J O S E P H T S O H E H C
T E S U I N E R Y C Y C R O C
H A E O D M M R O O R N O S O
L T S O C A I C F U E P N E M
E W U S M A E A N T V D R D P
H I O I A O N A A O E F E A L
E T H J R P O S Z X E L V Y I
M H P H Y T O D A V I D O S S
H C A E S A R T R V E E G A H
R H T E F I W D E S U O P S E
L I N E A G E R T M H L Y F D
D L R O W A E T H H A E R O F
J D E S U D S X X D E C R E E
```

TWO ARCHANGELS

<u>Angel of the Lord</u>

Appearance

Archangels

Chief

Come

Contending

Daniel

Delivered

Devil

Dragon

Elisabeth

<u>Fear not</u>

Fly

Fought

Gabriel

<u>Glad tidings</u>

Help

Holy

Mary

Moses

Michael

Nazareth

Prevailed

Prince

Railing

Speak

Stand

Talk

Ulai

Vision

<u>War in heaven</u>

Zacharias

WORD SEARCH

```
C  O  M  H  T  E  B  A  S  I  L  E  V  I  R
G  N  I  D  N  E  T  N  O  C  S  T  A  N  D
K  A  O  A  N  G  L  G  G  T  H  G  U  O  F
L  Z  T  G  L  M  F  E  V  I  S  I  O  N  S
A  A  N  P  A  D  E  L  I  V  E  R  E  D  G
T  R  E  R  A  R  X  O  Y  N  W  S  P  F  N
G  E  Y  E  P  R  D  F  R  F  A  E  R  M  I
A  T  A  V  E  V  C  T  L  E  T  D  I  O  D
B  H  W  A  R  I  N  H  E  A  V  E  N  S  I
R  F  T  I  A  P  P  E  A  R  A  N  C  E  T
I  K  L  L  I  Y  C  L  H  N  I  T  E  S  D
E  A  H  E  L  P  O  O  C  O  G  N  U  Q  A
L  E  O  D  I  N  M  R  I  T  D  E  V  I  L
R  P  L  I  N  G  E  D  M  B  I  A  L  U  G
A  S  Y  L  G  Z  A  C  H  A  R  I  A  S  T
```

WATERS OF MARAH AND ELIM

So **Moses** brought **Israel** from the **Red sea**, and they went out into the **wilderness** of **Shur**; and they went three days in the wilderness, and found no **water**. And when they came to **Marah**, they could not **drink** of the waters of Marah, for they were **bitter**: therefore the name of it was called Marah. And the people **murmured** against Moses, saying, What shall we drink? And he cried unto the Lord; and the Lord shewed him a **tree**, which when he had cast into the waters, the waters were made **sweet**: there he made for them a **statute** and an ordinance, and there he proved them, and said, If thou wilt diligently **hearken** to the **voice** of the Lord thy **God**, and wilt do that which is **right** in his **sight**, and wilt give **ear** to his **commandments**, and keep all his statutes, I will put none of these **diseases** upon thee, which I have brought upon the Egyptians: for I am the Lord that **healeth** thee. And they came to **Elim**, where were **twelve wells** of water, and threescore and ten **palm trees**: and they **encamped** there by the waters.

(Exodus 15:22–27)

WORD SEARCH

```
G O G S T N E M D N A M M O C
T R E O L D I S E A S E S H S
R U H S D L E S O M S I G H T
E N C A M P E D Y E R I G N A
N E K R A E H W E O E L A P T
M L E W A T E R E E R T E R U
E I M D R E T W I V O I C E T
C A L P D M S C D I L D E R E
D I S E L E P D K Q U E S B X
V O I A S T I L E R E A W I L
L X P O U K A H A R A M E T E
O R M A N D T H G I R V E T A
R T Y I H T E L A E H O T E R
D E R U M R U M U R M A N R S
A D W I L D E R N E S S R S I
```

BIBLICAL COMPARISONS

<u>Apples of gold</u>

Branches

Bread

Bridegroom

<u>Choice silver</u>

Crown

Cymbal

<u>Fig tree</u>

<u>Flock of goats</u>

<u>Hedge of thorns</u>

Lamb

<u>Light of the world</u>

Lilies

<u>Mustard seed</u>

Net

<u>Olive tree</u>

Pearl

<u>Refiner's fire</u>

Rock

<u>Salt of the earth</u>

Sepulchre

Sheep

<u>Sounding brass</u>

<u>The good shepherd</u>

Vine

Water

WORD SEARCH

```
O  S  O  U  N  D  I  N  G  B  R  A  S  S  U
M  L  O  U  K  C  Y  M  B  A  L  O  Q  A  O
L  I  G  H  T  O  F  T  H  E  W  O  R  L  D
M  R  B  R  I  D  E  G  R  O  O  M  I  T  F
U  E  B  R  A  N  C  H  E  S  N  V  E  O  L
S  F  K  C  O  R  C  A  M  R  E  E  C  F  O
T  I  V  D  O  L  B  L  E  T  R  K  T  T  C
A  N  I  W  U  R  B  T  R  T  M  P  Z  H  K
R  E  N  P  E  M  A  E  G  A  N  P  Y  E  O
D  R  E  A  A  W  E  I  S  H  E  E  P  E  F
S  S  D  L  O  G  F  O  S  E  L  P  P  A  G
E  F  C  H  O  I  C  E  S  I  L  V  E  R  O
E  I  L  I  L  I  E  S  F  M  G  G  L  T  A
D  R  E  H  P  E  H  S  D  O  O  G  E  H  T
H  E  D  G  E  O  F  T  H  O  R  N  S  R  S
```

DAVID'S SONG OF PRAISE

And he said, The LORD is **<u>my rock</u>**, and my **fortress**, and my **deliverer**; the **God** of my rock; **<u>in him</u>** will I **trust**: he is my **shield**, and the **horn** of my **salvation**, my **<u>high tower</u>**, and my **refuge**, my **saviour**; thou savest me from **violence**. **<u>I will call</u>** on the LORD, who is **worthy** to be **praised**: so shall I be **saved** from **<u>mine enemies</u>**.

(2 SAMUEL 22:2–4)

WORD SEARCH

```
L  V  P  B  S  A  V  I  O  U  R  A  S  K  X
E  H  I  S  E  I  M  E  N  E  E  N  I  M  V
I  K  I  W  I  L  L  C  A  L  L  P  T  I  S
W  J  A  G  T  G  B  O  P  I  Z  A  O  N  K
O  L  O  O  H  E  K  J  A  Z  U  L  T  H  L
R  D  X  P  Q  T  R  U  S  T  E  B  P  I  G
T  Q  S  A  D  R  O  L  O  N  S  E  E  M  J
H  G  W  J  P  I  L  W  C  F  T  V  G  O  E
Y  Z  D  U  V  E  Z  E  E  O  J  G  U  A  D
O  D  E  L  I  V  E  R  E  R  N  K  F  L  O
P  T  V  M  Y  R  O  C  K  T  R  I  E  T  L
V  A  A  K  S  B  O  L  E  R  O  I  R  P  B
J  L  S  E  I  V  B  U  S  E  H  O  E  U  V
G  T  O  L  A  J  T  D  E  S  I  A  R  P  J
I  N  O  I  T  A  V  L  A  S  K  L  L  S  P
```

FALSELY ACCUSED

Daniel by **presidents** and **princes** (Daniel 6)

David and **Jonathan** by **Saul** (1 Samuel 20)

Jesus by **scribes** and **Pharisees** (Luke 11:53–54)

Job by **Eliphaz, Bildad,** and **Zophar** (Job 1:11 and following)

Joseph by **Potiphar's wife** (Genesis 39)

Naboth by **Jezebel** (1 Kings 21)

Nehemiah by **Sanballat, Tobiah,** and **Geshem** (Nehemiah 6)

Paul by the **chief captain** (Acts 21:33–38)

The Jews by **Haman** (Esther 3:8–10)

WORD SEARCH

```
P R E S I D E N T S R I T E T
A L E T W P U J O S E P H S R
U O L U G E S H E M R S T I E
L E N S A S J E L S F Y N N S
A P H A R I S E E S U I S E T
L R T N A B O T H L A S I H R
H I D B S O N I O T I U H E A
S N A A F Y U A P B E P L M H
B C N L V L D A H D I E H I P
A E I L O I C A L T V A S A O
M S E A U F D U D S A T H H Z
O H L T E T I W S L R N T J A
W E F I W S R A H P I T O P T
R E H G J E Z E B E L B E J Y
S C R I B E S N U O N A M A H
```

40

NAMES CHANGE

Abram / Abraham

Azariah / Abednego

Daniel / Belteshazzar

Eliakim / Jehoiakim

Hadassah / Esther

Hananiah / Shadrach

Jacob / Israel

James and John / Boanerges
(the "Sons of Thunder")

Joseph / Zaphnathpaaneah

Mattaniah / Zedekiah

Mishael / Meshach

Sarai / Sarah

Saul / Paul

Simon / Peter

WORD SEARCH

```
Z E D E K I A H A I R A Z A B
E A J M I K A I O H E J S O E
L B P T D B S L A Y E A L N L
I E E H R A U I S J R C H S T
A D L A N C N S M A U O M H E
K N M L U A S I H O J B U A S
I E K H N K T L E D N E I D H
M G Y A L O E H N L A S T R A
A O H D M A K A P H R R H A Z
H W I A H L S A R A I C E C Z
A S M S S E G R E N A O B H A
R N I S M H I L Y H R N D I R
B M P A U L J O S E P H E R L
A E J H K N A E S T H E R A K
A P E T E R M A T T A N I A H
```

LEAVING EDEN

And the **L**ORD **God** said, **Behold**, the man is **become** as **one of us**, to know **good and evil**: and now, lest he **put forth** his **hand**, and **take also** of the **tree** of **life**, and eat, and **live for ever**: therefore the LORD God **sent him** forth from the **garden of Eden**, to **till the ground** from whence he was **taken**. So he **drove** out **the man**; and he **placed** at **the east** of the garden of Eden **Cherubims**, and a **flaming sword** which **turned** every way, to **keep the way** of the tree of life.

(GENESIS 3:22–24)

WORD SEARCH

```
K H T A M E L S M I H T N E S
H O U S H O T O I W A G O X T
T W R B K E C H R K S M S O I
R L N E E S N H E D T G Y N N
O F E H E W E N E M G K L E T
F O D O P E D S T R A O L O A
T I L L T H E G R O U N D F K
U T S D H H F R P I O B N U E
P E L D E E O L T L B U I S A
E D R O W S N J A D A R S M L
F H D N A H E U T M R C I A S
I S O G Y I D S L Y I O E T O
L I V E F O R E V E R N V D I
L I V E D N A D O O G N G E S
B E C O M E G T H E E A S T M
```

forty-two

MOST COMMON MEN'S NAMES IN THE BIBLE

Azariah (28 men)

Zechariah (27 men)

Shemaiah (25 men)

Maaseiah (21 men)

Meshullam (21 men)

Shimei (18 men)

Hananiah (14 men)

Hashabiah (14 men)

Joel (14 men)

Jonathan (14 men)

Shallum (14 men)

Jehiel (13 men)

Obadiah (13 men)

Benaiah (12 men)

Zichri (12 men)

Eliezer (11 men)

Johanan (11 men)

Joseph (11 men)

Bani (10 men)

Eliel (10 men)

Michael (10 men)

Nathan (10 men)

Nethaneel (10 men)

WORD SEARCH

```
K  N  J  O  S  E  P  H  S  Y  O  E  M  A  L
E  A  O  J  A  E  D  D  R  E  S  L  E  O  J
L  D  H  B  N  H  A  I  E  M  I  H  S  H  N
I  T  A  S  A  S  H  E  M  A  I  A  H  N  E
E  I  N  N  E  D  A  T  I  L  E  W  U  H  T
Z  M  A  A  S  E  I  A  H  S  I  H  L  A  H
E  S  N  T  M  T  R  A  L  I  O  W  L  S  A
R  L  W  H  I  X  A  S  H  E  R  H  A  H  N
B  E  N  A  I  A  H  L  M  S  A  H  M  A  E
I  P  A  N  Y  A  C  H  O  I  A  R  C  B  E
E  B  T  O  L  L  E  I  N  L  C  M  E  I  L
C  L  A  L  H  A  Z  A  R  I  A  H  P  A  Z
I  M  U  N  V  O  N  L  T  W  B  E  A  H  S
I  M  M  Y  I  A  O  A  E  L  I  E  L  E  T
S  E  N  A  H  T  A  N  O  J  E  H  I  E  L
```

WHO IS THE GREATEST?

And there was also a **strife** among them, which of them should be **accounted** the **greatest**. And he said unto them, The **kings** of the **Gentiles exercise lordship** over them; and they that exercise **authority** upon them are called **benefactors**. But ye shall not be so: but he that is greatest **among** you, let him be as the **younger**; and he that is **chief**, as he that doth serve. For whether is greater, he that sitteth at meat, or he that **serveth**? is not he that **sitteth at meat**? but I am among you as he that serveth. Ye are they which have **continued** with me in my **temptations**. And I appoint unto you a **kingdom**, as my **Father** hath appointed unto me; that ye may eat and drink at my **table** in my kingdom, and sit on **thrones judging** the **twelve tribes** of **Israel**.

(LUKE 22:24–30)

WORD SEARCH

```
I  R  F  K  N  L  U  S  E  L  I  T  N  E  G
E  C  O  I  R  E  G  N  U  O  Y  S  I  R  O
G  C  N  N  E  L  B  A  T  T  I  S  E  A  N
N  O  D  G  H  S  T  R  I  F  E  A  E  S  R
O  N  S  D  T  A  F  R  T  S  T  L  E  M  B
M  T  N  O  A  R  O  E  I  E  O  B  I  U  E
A  I  O  M  F  H  T  C  S  C  I  D  S  H  N
C  N  I  A  T  E  R  T  K  R  E  N  R  T  E
G  U  T  U  V  E  E  J  T  T  I  G  A  E  F
N  E  A  H  X  C  D  E  N  H  W  I  E  V  A
I  D  T  E  Z  C  V  U  V  I  R  N  L  R  C
G  U  P  T  H  L  O  R  E  X  A  O  L  E  T
D  R  M  I  E  C  A  K  I  N  G  S  N  S  O
U  O  E  W  C  L  O  R  D  S  H  I  P  E  R
J  F  T  A  E  M  T  A  H  T  E  T  T  I  S
```

A BABY IN A MANGER

And there were in the **<u>same country</u> shepherds abiding** in the **field**, **<u>keeping watch</u>** over their **flock** by **night**. And, lo, the **angel** of the Lord came upon them, and the **glory** of the Lord **shone** round about them: and they were **<u>sore afraid</u>**. And the angel said unto them, **<u>Fear not</u>**: for, **behold**, I bring you **<u>good tidings</u>** of **<u>great joy</u>**, which shall be to all **people**. For unto you is **born** this day in the **<u>city of David</u>** a **Saviour**, which is **<u>Christ the Lord</u>**. And this shall be a **sign** unto you; ye shall find the **babe** **wrapped** in **swaddling** clothes, **lying** in a **manger**.

(Luke 2:8-12)

SECRET MESSAGE:

____ ____ ____ ____ ____ ____ ____ ____ ____ ____
____ ____ ____ ____?

WORD SEARCH

```
A S A M E C O U N T R Y W H S
B C Y S D S I P T D M B A R H
I N I G H T W O E Y G I A C O
D F D T V E N A B O R N T B N
I E I B Y R P A D I P A R T E
N H A E A O M H N D W L T Y O
G J R E L E F A E G L S E R Y
U S F I N D A D N R E I P O O
W R A P P E D I A G D L N L J
L A E F B C P E W V E S H G T
E D R O L E H T T S I R H C A
R E O A E O H N I M N D A L E
S W S K E R C O E S T G A B R
S A V I O U R K L L L Y I N G
E D X G O O D T I D I N G S X
```

ELISABETH

(Luke 1:5–57)

Altar	<u>Glad tidings</u>
Appeared	<u>Holy Ghost</u>
<u>Angel of the Lord</u>	Incense
Babe	John
Barren	Leaped
Birth	<u>Mother's womb</u>
Blameless	Name
Blessed	Obedient
Call	Power
Conceived	Rejoice
Cousin	Righteous
Delivered	Son
Drink	Speechless
Elias	<u>Stricken in years</u>
Elisabeth	Wife
Gabriel	Zacharias

WORD SEARCH

```
K A L L A C E D E S S E L B S
E N A E R N I S U O C R S T D
L D I I A R B O N C O A R R J
I E R R I P E A A E N I O O E
A L T B D T E P B A C L H G B
S I N A H W P D M K E N A L M
S V E G I E E E E H I S I A O
E E I F A B C N T O V S L D W
L R D R F R I F A L E E D T S
H E E A E N O R L Y D L B I R
C D B W Y L J E T G A E A D E
E N O E E J E B A H E M R I H
E P A G M O R A R O F A R N T
P R N E H T E B A S I L E G O
S A I R A H C A Z T W B N S M
```

forty**46**six

A GREAT NATION

Now the LORD had **said** unto **Abram**, Get thee **out** of thy **country**, and from thy **kindred**, and from thy **father's house**, unto a **land** that I will **shew thee**: and <u>**I will**</u> make of thee a **great nation**, and I will **bless** thee, and **make** thy **name** great; and thou **shalt** be a **blessing**: and I will bless them that bless thee, and curse him that **curseth** thee: and in thee shall all **families** of the **earth** be blessed.

(GENESIS 12:1–3)

WORD SEARCH

```
K E A R T G Y R T N U O C P H
N I S H A L O B L I W A F O M
A C N I L O U L K S A F U L A
T O A D O B L E I E K S E S R
I U T F R S B S W I E A B A B
O S I A D E T S I L A N B I A
P R O M A E D I L I N H T U B
G E N I T L O N L M G T O L K
R H M D H L B G S A R E E R A
E T I B E J A N T F E S A M E
A A O L E H R E L W S R C D E
S F U E E H T R A E N U O N K
H Q W S Y M E R H G A C Y A A
E G R E A T A U S I M P Y L M
W B L E S F T N L B K T U O C
```

SCENES FROM REVELATION

Babylon (18:2–3)

Beast (13:1–10)

Earthquake (6:12; 8:5; 11:13)

Falling stars (6:13)

Forever (22:5)

God (22:3–5)

Gog (20:7–10)

Horses (6:1–8)

Jerusalem (11:1–2)

Judging (20:11–15)

Lamb (5:6–8)

Locusts (9:3–11)

Magog (20:7–10)

Miracles (13:11–15)

Olive trees (11:3–6)

Pit (9:1-2; 17:3–8)

Rainbow (4:2–3; 10:1–3)

Red moon (6:12)

Riders (6:1–8)

Signs (13:11–15)

Sky scroll (6:14)

Song (5:9–14)

Tears (21:4)

Tree of Life (22:1–2)

Wedding feast (19:5–8)

Winds (7:1)

Wrath (6:15–17)

WORD SEARCH

```
E F A L S E E R T E V I L O B
A W E D D I N G F E A S T A O
R I D E R S S I A P I K B V D
T R E J Z E L O L A M Y N E N
H O R S S U O J L B L D O T I
Q N S R R S C U I O S E S G W
U O O M E K U D N N Y R O O M
A H N I V Y S G G A A T B G E
K O G R E S T I S E K N L A L
E O T A R C S N T T I O A M A
D E W C O R I G A A R W M I S
E F I L F O E E R T U R B W U
U I N E O L O C S T S A E B R
O O D S T L G O G O L T I P E
F P S O N O O M D E R H D U J
```

JESUS WAS HERE

Bethany (Matthew 26:6)

Bethlehem (Matthew 2:1)

Bethphage (Matthew 21:1)

Calvary (Luke 23:33)

Cana (John 2:11)

Capernaum (Matthew 4:13)

Egypt (Matthew 2:14)

Gabbatha (John 19:13)

Gethsemane (Matthew 26:36)

Golgotha (Mark 15:22)

The heavens (Acts 7:56)

Jacob's well (John 4:6)

Jerusalem (Mark 11:11)

Mount of Olives (John 8:1)

Nain (Luke 7:11)

Nazareth (Matthew 2:23)

Near Damascus (Acts 9:1–5)

Peter's house (Matthew 8:14)

Praetorium (Mark 15:16)

Samaria (Luke 17:11)

Sea of Galilee (Matthew 4:18)

Sychar (John 4:5)

Synagogue (Luke 4:16)

Temple (Matthew 21:12)

Upper room (Mark 14:15)

WORD SEARCH

```
C L S E V I L O F O T N U O M
A E L P E T E R S H O U S E O
L N L E E U E T P Y G E V N N
V A E G L B G M T E C A N A E
A M W A I T E O P H L H I Z A
R E S H L J H T G L O E A A R
Y S B P A C E E H A E R N R D
N H O H G A A R H L N D Y E A
A T C T F O I P U E E Y O T M
H E A E O G L R E S A H S H A
T G J B A O R G A R A V E U S
E U P P E R R O O M N L E M C
B D W I S T H A L T A A E N U
P R A E T O R I U M H S U M S
L U Y O G A B B A T H A R M H
```

REST FOR THE LAND

But in the **seventh year shall** be a **sabbath** of **rest** unto the **land**, a sabbath for the Lᴏʀᴅ: thou **shalt neither sow** thy **field**, nor **prune** thy **vineyard**. That which **groweth** of its **own accord** of thy **harvest** thou shalt not **reap,** neither **gather** the **grapes** of **thy vine undressed**: for it is a year of rest unto the land

(Lᴇᴠɪᴛɪᴄᴜs 25:4–5)

WORD SEARCH

```
L O R R E H T A G A Y N I V L
V I B W N T H C Y I Y H T L A
I O W N I O W C A C C O S A W
N W I L V I N O A R G R E N D
E A H S T S E R A E R U V D D
Y W P L P R U D G R A P R D E
A E R L D N U R E A P R A L S
R S H A L T O E A Y E A H E S
D I R H Q W G H R A S I V I E
Y W O S E P T T A G H E Q F R
A S O T I A L I A L N P H S D
E O H U B T H E Y T D R O L N
R E A B C R E N H A S U E N U
Y E A R A C C O R F I N N I V
S S H A R V E U O X P E A R G
```

50

ANGELS APPEARED TO THEM

Apostles (Acts 1:10–11, 5:19)

Christ (Luke 22:43)

Cornelius (Acts 10:3–6)

Daniel (Daniel 7:16; 10:5, 11)

Elijah (1 Kings 19:7)

Elisha (2 Kings 6:15–17)

Gideon (Judges 6:11–12)

Jacob (Genesis 32:24–30)

John (Revelation 17:1, 21:9)

Joseph (Matthew 1:20; 2:13, 19)

Joshua (Joshua 5:13–15)

Lot (Genesis 19:10–11)

Mary (Luke 1:26–33)

Paul (Acts 27:23)

Peter (Acts 12:7)

Philip (Acts 8:26)

Shepherds (Luke 2:9–12)

Women at the tomb (Luke 24:4–7)

Zacharias (Luke 1:11–20)

Zechariah (Zechariah 1:9, 13–14, 19; 2:3; 5:5–10; 6:4–5)

WORD SEARCH

```
P E T E R I M S J P Q R D O K
Z L U A P C L K I A H S U B J
M A R Y O D O A R J C I M W O
O W C Q I U W R L G F O L Q S
I A U H S O J S N O T C B I E
D O E M A Y Z L D E Y R U S P
L Z S L W R E E H J L O H E H
U T A H I I I T C G C I M L Y
G S M G N S T A O H Z F U T D
O I L A K A H U S A A X G S L
E R D R N J S A F J M R C O A
V H Q E N H O J G I O H I P Q
L C M I O U A D O L S L W A I
A O Q B P N I T W E R J K L H
W U T Y S D R E H P E H S W O
```

THE HOLY SABBATH

Six days may **work** be done; but in the **seventh** is the sabbath of **rest**, **holy** to the LORD: whosoever doeth any work in <u>**the sabbath day**</u>, he shall surely be <u>**put to death**</u>. Wherefore the **children** of **Israel** shall **keep** the sabbath, to **observe** the sabbath throughout their **generations**, for a perpetual **covenant**. It is a **sign** between me and the children of Israel <u>**for ever**</u>: for in six days the LORD made **heaven** and **earth**, and on the seventh day he **rested**, and was **refreshed**.

(EXODUS 31:15–17)

WORD SEARCH

```
N T R C H X V K F I S R A E L
Y N D E H S E R F E R X I O P
E A B D P N G S M E H C R B N
K N D I P E E K G R S D S S E
V E E H U B I R E S T P G E R
F V T P T G K H D Y X V K R D
I O S V T A I F C A E D F V L
M C E W O S B S N D I R N E I
P R R O D R S B P X S G A S H
G F O R E V E R A I I R M O C
M X I K A F E B R S T S L C N
I C K G T K G H X H E Y D P I
B E F P H S E V E N T H S X K
H E A V E N B D H C N E T F V
X C D S N O I T A R E N E G R
```

ANGELS AND SHEPHERDS

And **suddenly** there was with the angel a **multitude** of the heavenly **host** **praising** God, and saying, <u>**Glory to God**</u> in the **highest**, and on **earth** **peace**, <u>**good will**</u> toward men. And it **came** to **pass**, as the **angels** were <u>**gone away**</u> from them into **heaven**, the **shepherds** said one to **another**, Let us now go even unto **Bethlehem**, and see this **thing** which is come to pass, which the **Lord** hath <u>**made known**</u> unto us.

(LUKE 2:13–15)

WORD SEARCH

```
A  L  W  E  K  F  V  J  G  U  I  F  E  T  H
X  M  V  J  U  I  T  H  S  Y  N  G  D  S  G
Y  S  U  D  D  E  N  L  Y  W  D  R  C  H  B
S  O  G  L  O  R  Y  T  O  G  O  D  A  E  Z
H  G  W  K  T  G  P  N  Q  L  F  E  R  A  F
E  G  O  L  C  I  K  V  R  P  H  R  I  V  D
P  N  O  O  B  E  T  H  L  E  H  E  M  E  J
H  E  X  N  D  H  X  U  N  A  T  H  I  N  G
E  M  A  A  E  W  T  W  D  C  M  T  L  R  E
R  D  M  R  N  A  I  S  Q  E  H  O  S  T  K
D  L  Y  M  T  G  W  L  E  U  N  N  P  Q  D
S  Q  E  S  A  H  E  A  L  H  V  A  I  W  Z
B  Z  M  K  B  T  J  L  Y  U  G  P  A  S  S
P  R  A  I  S  I  N  G  S  T  S  I  Y  X  O
M  A  C  N  D  O  A  B  P  N  O  C  H  P  C
```

TWO BLIND MEN RECEIVE SIGHT

And as they departed from **Jericho**, a great **multitude** followed him. And, behold, two **blind men** sitting by **the way side**, when they heard that **Jesus passed by**, cried out, **saying**, Have mercy on us, O **Lord**, thou **son of David**. And the multitude **rebuked** them, because they **should hold** their **peace**: but they **cried** the more, saying, Have **mercy** on us, O Lord, thou son of David. And Jesus stood **still**, and **called** them, and said, What will ye that I shall **do unto you**? They say unto him, Lord, that **our eyes** may be opened. So Jesus had **compassion** on them, and **touched** their eyes: and **immediately** their eyes **received** sight, and they **followed** him.

(MATTHEW 20:29–34)

WORD SEARCH

```
L E A P I X U O Y O T N U O D
V I D E L L A C L E Y V L N G
C O M P A S S I O N R L O H M
A E E M P J R A R N I R A U U
S D R O E E E M D T N E T N L
S I C U F D A S S O E C S J T
O S Y R O S I C U M M E H E I
N Y S E L A J A E S D I O R T
O A P Y L Y N N T D N V U I U
F W L E O I W K G E I E L C D
D E O S W N K M R K L D D H E
A H M E E G D Y S U B Y H O I
V T J B D L O T T B Z A O N K
I Y B D E S S A P E W D L W B
D E H C U O T L C R I E D O L
```

SUPERLATIVES

Adam (first man, Genesis 2:7)

Belshazzar (most frightened, Daniel 5:6)

Cain (first child, Genesis 4:1, and first murderer, Genesis 4:8)

David (most named in the Bible)

Eglon (fattest, Judges 3:17)

Esther (most beautiful, Esther 2:7)

Eve (first woman/wife, Genesis 3:20)

Goliath (tallest, 1 Samuel 17:4)

Jacob (most devoted lover, Genesis 29:18–20)

Jephthah (most impulsive, Judges 11:30)

Jeremiah (most sorrowful, Jeremiah 9:1)

Lamech (first polygamist, Genesis 4:19)

Manasseh (nastiest, 2 Chronicles 33:1–13)

Methuselah (oldest, Genesis 5:27)

Moses (meekest, Numbers 12:3)

Nebuchadnezzar (proudest, Daniel 4)

Paul (most traveled, Acts 13:4, 15:36, 18:23)

Psalms (most quoted in New Testament)

Samson (strongest, Judges 14:6)

Solomon (richest, 1 Kings 10:23, and wisest, 1 Kings 3:12)

Stephen (first Christian martyr, Acts 6:8, 7:60)

Zacchaeus (shortest, Luke 19:3–4)

WORD SEARCH

```
G O L I A T H J C B L N H M H
N W Z A C C H A E U S A X E V
O E V M E B S P A R H Q S G O
M J B M A E X S G T E S W L Z
O N A U S T M C H S A M U O M
L L K O C A H P E N K B I N E
O H M I D H E T A Y U E J A T
S Y Q A U J A M H C S L U N H
L R E H T S E D O O J S E X U
E J A C O B N H N I M H V D S
H P I V B C O M X E P A U I E
A A G O P A S Y U E Z Z S V L
S U J C W I M O T M W Z B A A
A L E V E N A S P I K A A D H
S M L A S P S Z A E C R N R M
```

PLANTS NAMED IN THE BIBLE

Anise (Matthew 23:23)

Barley (Ruth 1:22)

Camphire (Song of Solomon 1:14)

Coriander (Exodus 16:31)

Flax (Exodus 9:31, Joshua 2:6)

Garlick (Numbers 11:5)

Gourd (2 Kings 4:39)

Grass (Genesis 1:11)

Hyssop (Exodus 12:22)

Leeks (Numbers 11:5)

Lentile (2 Samuel 17:28)

Lilies (Matthew 6:28)

Mandrake (Genesis 30:14–16)

Mint (Matthew 23:23)

Mustard (Matthew 17:20)

Pomegranate (Numbers 13:23; 1 Samuel 14:2)

Reed (1 Kings 14:15)

Rose (Song of Solomon 2:1)

Spikenard (Song of Solomon 4:14)

Tares (Matthew 13:25, 36)

Thistle (Hosea 10:8)

Wheat (Genesis 30:14, Exodus 34:22)

WORD SEARCH

```
E  L  T  S  I  H  T  W  E  H  A  U  I  T  D
L  I  R  W  H  E  A  T  O  R  S  S  A  R  G
I  P  X  U  L  K  C  I  L  R  A  G  A  E  O
L  A  O  R  S  E  M  K  V  Y  M  N  Y  E  U
I  C  A  M  P  H  I  R  E  M  E  W  K  D  D
E  C  U  N  E  R  N  S  C  K  O  A  O  V  B
S  E  R  A  T  G  T  Y  I  X  R  E  S  O  R
C  U  M  M  I  N  R  P  T  D  A  L  F  E  D
H  Y  S  S  O  P  S  A  N  F  S  W  D  S  L
S  X  A  I  F  D  U  A  N  K  D  N  R  I  E
U  B  R  L  R  Q  M  S  E  A  A  P  A  N  N
R  C  A  U  O  W  A  E  C  I  T  X  T  A  T
L  V  O  L  E  E  L  T  R  J  A  E  S  O  I
U  G  P  Z  M  S  A  O  G  L  K  L  U  D  L
B  A  R  L  E  Y  C  H  F  N  I  M  M  U  E
```

PEACE IN THE LAND

And it shall come to pass, that before they **call**, I will **answer**; and while they are yet **speaking**, I will **hear**. The **wolf** and the **lamb** shall <u>**feed together**</u>, and the **lion** shall **eat straw** like the **bullock**: and **dust** shall be the <u>**serpent's meat**</u>. They shall not **hurt** nor **destroy** in all my <u>**holy mountain**</u>, saith the Lord.

(Isaiah 65:24–26)

WORD SEARCH

```
C  B  U  L  L  O  C  K  O  X  W  G  H  U  F
F  J  G  A  A  R  B  V  O  H  Y  P  E  O  W
W  E  I  D  E  S  T  R  O  Y  I  Y  A  H  T
Z  U  X  W  K  G  O  J  W  C  A  N  R  K  A
Y  J  S  P  E  A  K  I  N  G  I  J  E  G  E
V  N  F  U  E  G  B  Z  P  A  P  B  V  L  M
A  P  Y  W  A  R  T  S  T  R  U  Z  O  O  S
F  W  O  L  F  C  X  N  I  H  X  H  U  R  T
A  I  G  Z  E  E  U  D  F  K  G  Y  J  D  N
F  E  E  D  T  O  G  E  T  H  E  R  E  Y  E
Y  O  B  A  M  J  B  V  S  D  A  C  W  P  P
H  W  E  Y  D  I  U  G  U  F  H  B  Z  B  R
A  L  L  A  C  F  O  P  D  V  P  M  K  O  E
J  O  D  O  K  Y  W  E  X  F  E  A  T  F  S
H  V  Y  B  Z  H  A  I  N  O  I  L  B  Y  U
```

fifty57even

BIBLE DREAMERS

Abimelech

Abraham

Chief baker

Chief butler

Cornelius

Daniel

Enemies

Ezekiel

Gideon

Jacob

Joseph (Jesus' earthly
    father *and* Jacob's son)

Laban

Nathan

Nebuchadnezzar

Paul

Peter

Pharaoh

Prophets

Samuel

The wise men

Zechariah

WORD SEARCH

```
R O T H E W I S E M E N O D R
E J Z C A T B P A U L C T A Q
L A B A N S A B Z Z N E Z N J
T C Z D I G I D E O N Z A A O
U O C T Q M B L A I E E D T S
B B N I E B S U C N B K U H E
F Z A L E I N A D Q D I Z A P
E B E N U L S A B O C E J N H
I C B C E B H T Z N Q L I T L
H Z I U H C H I E F B A K E R
C U M A U A B R A H A M U O E
Q A P B O E R E N E M I E S T
S T E E L S U I L E N R O C E
S N S Z Z B P H A R A O H L P
D P R O P H E T S H E P S D R
```

fift58ght

JEHOSHAPHAT'S PRAYER

And **Jehoshaphat** stood in the **congregation** of Judah and Jerusalem, in the house of the LORD, **before** the new **court**, and said, O <u>LORD **God**</u> of our fathers, art not thou God in **heaven**? and **rulest** not thou over all the **kingdoms** of the **heathen**? and in **thine hand** is there not **power** and might, so that none is able to **withstand** thee? . . . If, when **evil cometh** upon us, as the **sword**, **judgment**, or **pestilence**, or **famine**, we stand before this house, and in thy **presence**, (for thy **name** is in this **house**,) and **cry** unto thee in our **affliction**, then thou wilt **hear** and **help**. . . . O our God, wilt thou not judge them? for we have <u>**no might**</u> against this <u>**great company**</u> that cometh **against us; neither know** we what to do: but our **eyes** are upon thee.

(2 CHRONICLES 20:5–6, 9, 12)

WORD SEARCH

```
R E N O I T A G E R G N O C E
U C Y A T J R G J U T R U O C
I N J N O H U E A O S U O M N
N E V E A H I D M I L L P E E
E L E V H P D N G F N E H T S
K I N G D O M S E M P S A H E
A T D R O W S O R I E T T E R
Y S N T E E O H C M T N O V P
N E E H B R D N A T S H T I W
E P V G E E O N K P A H E L P
H U A I N F G F U R H E A R O
T O E M I O D S E T U A R V W
A C H O M Y R C T B N Y T G E
E O D N A H O U S E Y E X U L
H M E A F F L I C T I O N E T
```

WISE MEN FOLLOW A STAR

When they had **heard** the **king**, they **departed**; and, lo, <u>**the star**</u>, which <u>**they saw**</u> in the **east**, **went before** them, till it **came** and **stood** over **where** the **young child** was. When they saw the star, they **rejoiced** with **exceeding great joy**.

(MATTHEW 2:9–10)

WORD SEARCH

```
J  V  E  U  M  T  I  Y  F  D  V  L  C  R  H
F  I  H  W  G  R  J  O  Y  F  Q  K  G  E  J
A  N  Y  W  B  W  C  U  S  X  D  W  F  J  R
X  K  I  S  H  D  G  N  E  T  A  E  T  O  M
O  G  J  E  K  E  E  G  P  S  O  L  P  I  N
J  K  R  Z  N  P  N  Q  Y  R  M  O  S  C  J
L  E  B  E  M  A  Z  E  G  S  W  Q  D  E  X
Y  P  Q  O  A  R  H  N  S  T  E  P  R  D  K
M  H  W  Z  V  T  A  U  B  T  N  A  Z  R  I
O  E  R  O  F  E  B  P  S  Y  T  B  S  F  N
L  C  Q  R  W  D  X  Y  R  S  F  E  I  T  G
N  L  H  E  A  R  D  V  E  Y  U  D  M  S  Z
G  W  V  I  N  T  G  H  J  E  A  P  U  A  M
A  R  X  B  L  M  T  C  S  K  T  D  E  W  C
H  I  G  N  I  D  E  E  C  X  E  Q  E  R  H
```

60

THE CALL TO PERSEVERANCE

And **whosoever** doth not **bear** his **cross**, and <u>**come after me**</u>, cannot be <u>**my disciple**</u>. For which of you, **intending** to **build** a **tower**, **sitteth** not down first, and **counteth** the **cost**, whether he have **sufficient** to **finish** it? Lest haply, after he hath laid the **foundation**, and is not able to finish it, all that **behold** it begin to **mock** him, saying, This **man began** to build, and was not able to finish.

(Luke 14:27–30)

WORD SEARCH

```
I F O U N D A T I O N A J C H
A S U M O C K E B E G A N S T
J C F R E N K U E T N I B D E
B O C A R B S M A F R E W O T
W H O S O E V E R N R L O M T
E T U U S H L H U A T P U K I
N N N B M O A D S S J I E L S
R E T E T L R E O I A C F B L
B I E A S D L C R E N S R I S
U C T G N I D N E T N I M R T
I I H D R L O I C U X D F O E
L F A L Z B E S X K T Y A L F
D F T E M R E T F A E M O C X
J U D R A F M O O A R L N U B
A S M U N T K E I L R C A Z A
```

GREETINGS. . .FROM ROMANS 16

Amplias	Nereus
Andronicus	Olympas
Apelles	Patrobas
Aquila	Persis
Asyncritus	Philologus
Epaenetus	Phlegon
Hermas	Priscilla
Hermes	Rufus
Herodian	Stachys
Julia	Tryphena
Junia	Tryphosa
Mary	Urbane

WORD SEARCH

```
A E P A E N E T U S L R E N H
H E R M E S E S A P M Y L O E
A P E P P R I S C I L L A G R
S R P L R E P H A Q U I L E O
Y U A I B E H E R I F U R L D
N F E A R E V A M P N Z U H I
C U N S N E N P H L E U F P A
R S I A T E P Y R T Y Y J E N
I S B X H C A T S A M R E H L
T R Y P H O S A J E O L A U O
U S Y H C A T S E H L R A M J
S R P E R S T A Q U I L A A U
T P A T R O B A S U E R E N L
H C A T S U G O L O L I H P I
P A T R S U C I N O R D N A A
```

ELIJAH'S CHARIOT OF FIRE
(2 Kings 2:1–12)

Appeared	Jordan
Asunder	Leave
Bethel	Lord
Came	Mantle
<u>Chariot of fire</u>	Master
Clothes	Parted
Cried	Peace
Divided	Rent
<u>Double portion</u>	<u>Saw him no more</u>
<u>Elijah went up</u>	<u>Smote the waters</u>
Elisha	Soul
Head	Spirit
Heaven	<u>Taken away</u>
Horsemen	<u>Two pieces</u>
Horses	Whirlwind
Jericho	Wrapped

WORD SEARCH

```
N O I T R O P E L B U O D E S
H E E E W E D E N A E N X M E
D E V R L O N N A A G T O S H
E P A A I I P T I C D T H A T
D R A D E F J I P W E R I E O
I O O R A H F A E T L O O G L
V N E M E S R O H C I R E J C
I O S O O T U E T W E R I P U
D C A O E N W N T O E S I H S
E E R D U A M T D S I N N P W
P M A N T L E I L E A R T E S
P A D E I R C O H E R M A U W
A C R T A K E N A W A Y N H P
R S O D E R A E P P A V T O C
W E L I S H A V H O R S E S H
```

sixty**63**three

A FATHER'S ADVICE

<u>My son</u>, **attend** to my **words**; **incline** thine **ear** unto my **sayings**. Let them <u>**not depart**</u> from thine **eyes**; keep them in the **midst** of thine heart. For they are life unto those that **find** them, and **health** to all their **flesh**. <u>**Keep thy heart**</u> with <u>**all diligence**</u>; for out of it are the **issues** of **life**. <u>**Put away**</u> from thee a <u>**froward mouth**</u>, and <u>**perverse lips**</u> put far from thee. Let thine eyes **look right** on, and let thine **eyelids** look **straight** before thee. <u>**Ponder the path**</u> of thy feet, and let all thy **ways** be **established**. **Turn** not to the right **hand** nor to the **left: remove** thy **foot** from **evil**.

(PROVERBS 4:20–27)

WORD SEARCH

```
M A T T E N D S B O U R N T O
Y Y O R U R N D N A H F S H A
S E S T A B L I S H E D T T E
F L H O W E R L T A R A R Y R
R O E S N D H E S O P A E Y I
O I R F E O F Y W E P S E A G
W D S H T L A E H E V N O W H
A O F S R T F T D T I I A A T
R M D S U M R T K L P Y L T H
D I A R G E O A C O S E P U G
M F N A D N S N E T O R E P I
O E C N E G I L I D L L A K A
U T O O F O V Y I E R B S T R
T P E V O M E R A F I N D O T
H I L P E R V E R S E L I P S
```

sixty64

THE WISE MEN GIVE
GIFTS TO JESUS

And when they <u>**were come**</u> into <u>**the house**</u>, <u>**they saw**</u> the **young child** with **Mary** <u>**his mother**</u>, and <u>**fell down**</u>, and **worshipped** him: and when they had **opened** their **treasures**, they **presented** unto him **gifts**; **gold**, and **frankincense** and **myrrh**. And **being warned** of **God** in a **dream** that they should not **return** to **Herod**, they **departed** into their <u>**own country**</u> <u>**another way**</u>.

(MATTHEW 2:11–12)

SECRET MESSAGE:

_____ _____ _____ _____ _____ _____ _____ _____
__ __ _____ ___ ___ _____?

WORD SEARCH

```
W  W  H  I  H  I  S  M  O  T  H  E  R  C  H
E  E  S  N  E  C  N  I  K  N  A  R  F  O  L
R  E  T  U  R  N  D  T  E  S  N  Y  E  T  A
E  M  D  G  O  D  E  D  N  T  O  B  L  O  D
C  D  O  E  D  K  E  M  E  U  T  N  L  T  E
O  I  R  O  P  N  N  N  B  H  S  D  F  T
M  R  A  E  E  P  N  G  R  K  E  I  O  N  N
E  E  C  P  A  E  I  N  S  A  R  I  W  E  E
S  S  O  E  V  M  E  H  N  T  W  I  N  M  S
E  U  S  A  G  I  F  T  S  M  A  R  Y  G  E
S  O  W  N  C  O  U  N  T  R  Y  A  N  A  R
D  H  D  I  T  D  L  I  H  C  O  R  I  O  P
D  E  P  A  R  T  E  D  N  T  O  W  R  B  U
R  H  N  T  O  F  F  E  W  A  S  Y  E  H  T
R  T  R  E  A  S  U  R  E  S  I  N  G  S  X
```

WISE GOD OF THE UNIVERSE

Give the **king** thy **judgments**, O God, and thy **righteousness** unto the king's **son**. He shall judge thy **people** with righteousness, and thy **poor** with judgment. The **mountains** shall bring **peace** to the people, and the <u>**little hills**</u>, by righteousness. He shall judge the poor of the people, <u>**he shall save**</u> the **children** of the **needy**, and shall **break** in pieces the oppressor. They shall **fear** thee as long as the **sun** and **moon endure**, throughout all **generations**. He shall come down like **rain** upon the <u>**mown grass**</u>: as **showers** that **water** the **earth**.

(Psalm 72:1–6)

WORD SEARCH

```
W  C  H  I  L  D  R  E  N  G  H  N  R  L  B
H  G  V  R  N  T  L  B  U  W  V  F  N  H  C
B  F  S  H  O  W  E  R  S  E  L  P  O  E  P
D  R  I  G  H  T  E  O  U  S  N  E  S  S  G
S  J  R  C  J  W  D  J  B  J  H  G  L  H  E
S  L  A  N  H  K  A  E  R  B  N  R  K  A  N
A  T  I  S  L  L  I  H  E  L  T  T  I  L  E
R  C  N  J  B  G  T  V  F  F  G  W  N  L  R
G  H  R  E  T  A  W  R  L  E  C  V  G  S  A
N  B  F  D  M  O  U  N  T  A  I  N  S  A  T
W  N  E  O  H  G  J  N  L  R  N  E  B  V  I
O  F  O  C  G  B  D  H  T  R  A  E  D  E  O
M  N  C  V  A  R  G  U  O  C  J  D  F  N  N
E  R  U  D  N  E  J  O  J  B  G  Y  L  R  S
T  D  H  B  L  A  P  A  D  J  T  J  H  V  W
```

six**66**six

KINGS ISRAEL DEFEATED

(Joshua 12:9–24)

Acshaph	Jericho
Adullam	Jerusalem
Aphek	Jokneam
Arad	Kedesh
Bethel	Lachish
Debir	Lasharon
Dor	Libnah
Eglon	Madon
Geder	Makkedah
Gezer	Megiddo
Hazor	Shimronmeron
Hormah	Taanach
Hebron	Tappuah
Jarmuth	Tirzah

WORD SEARCH

```
C I R E J Y N T R H A M R O H
A P H E W E O L A S H A R O N
R E Z E G X R K M E G I D D O
A D U L L K E I T I R Z A H D
D U O A H H M E C O I E E J A
J N A H P A N Z A H B O D A M
E R C A Q U O D Z N O R B E H
R N S E R A R M A E N K O J G
U H H C I V M A L L U D A H A
S A A H A Z I D E K E D E S H
A U P B E T H E L W D E B I R
L P H R K U S T A A N A C H N
E P I L O Y O G R O Z A H C E
M A K K E D A H H T U M R A J
U T G O Y I M I H A N B I L V
```

THE ARK BLUEPRINT

Make thee an **ark** of <u>**gopher wood**</u>; rooms shalt thou make in the ark, and shalt **pitch** it within and without with pitch. And this is the **fashion** which thou shalt make it of: The **length** of the ark shall be <u>**three hundred**</u> cubits, the **breadth** of it <u>**fifty cubits**</u>, and the **height** of it <u>**thirty cubits**</u>. A window shalt thou make to the ark, and in a cubit shalt thou **finish** it above; and the **door** of the ark shalt thou set in the side thereof; with **lower**, **second**, and **third stories** shalt thou make it. And, behold, I, even I, do bring a **flood** of **waters** upon the earth, to destroy all flesh, wherein is the breath of life, from under heaven; and every thing that is in the **earth** shall die. But with thee will I **establish** my **covenant**; and thou shalt come into the ark, thou, and thy **sons**, and thy **wife**, and thy sons' wives with thee.

(GENESIS 6:14–18)

WORD SEARCH

```
G  R  T  H  I  R  T  Y  C  U  B  I  T  S  P
T  A  P  T  E  R  H  T  D  A  E  R  B  S  U
N  O  I  H  S  A  F  L  O  O  D  Y  B  T  N
A  H  T  A  Z  G  L  D  D  R  E  W  O  L  J
N  T  C  Y  T  L  N  E  T  G  R  J  Z  A  T
E  X  H  M  H  O  S  I  Y  E  D  S  T  D  H
V  W  Z  H  C  Q  W  N  H  O  N  H  Q  R  G
O  A  B  E  A  R  T  H  O  H  U  X  K  I  I
C  S  S  R  E  T  A  W  S  S  H  B  H  H  E
G  Q  D  X  J  G  R  A  Y  L  E  N  G  T  H
S  T  O  R  I  E  S  C  Q  I  E  N  A  Y  H
Y  B  O  Z  H  E  A  X  T  J  R  W  E  R  X
A  E  R  P  F  I  N  I  S  H  H  I  L  B  K
M  H  O  S  T  I  B  U  C  Y  T  F  I  F  T
Z  G  W  H  S  I  L  B  A  T  S  E  N  Q  D
```

HELD PRISONER

Baker (Genesis 40:1–3)

Barabbas (Matthew 27:16–26)

Butler (Genesis 40:1–3)

Daniel (Daniel 6:16–17)

Hanani (2 Chronicles 16:7–10)

Hoshea (2 Kings 17:4)

James (Acts 12:1–2)

Jehoahaz (2 Chronicles 36:4)

Jehoiachin (2 Kings 25:27)

Jeremiah (Jeremiah 38)

Jesus (Matthew 26:57)

John (Acts 4:1–3)

John the Baptist (Matthew 14:3–12)

Joseph (Genesis 39:20–23)

Manasseh (2 Chronicles 33)

Micaiah (1 Kings 22:26–27)

Paul (Acts 16:23)

Peter (Acts 12:3–4)

Samson (Judges 16:20–21)

Silas (Acts 16:23)

Simeon (Genesis 42:24)

Zedekiah (Jeremiah 39:7)

WORD SEARCH

```
B U P N S Q P J R Z Z U B H M
G K H A P R E K A B R S Y P U
A O L R U O I H J M N F T E O
J I N X T L A U O I E K H S N
S E S M B O S D H Q W S E O P
R T R V H V T C S A U I S J K
E L F E P W A K E Y N M S U L
L P J V M I O H B T A A A R G
T O X R O I S P A S R H N F H
U I D H W O A J R P C V A I W
B W E A H N C H A M E J M Q E
F J O H N T H E B A P T I S T
V M I C A I A H B I A S E O I
H A I K E D E Z A G F J H R L
D J E S U S C L S I M E O N K
```

GOOD FRUIT VERSUS EVIL FRUIT

Beware of <u>**false prophets**</u>, which come to you in <u>**sheep's clothing**</u>, but inwardly they are <u>**ravening wolves**</u>. Ye shall <u>**know them**</u> by their **fruits**. Do **men** gather **grapes** of **thorns**, or **figs** of **thistles**? Even so every good **tree** bringeth forth <u>**good fruit**</u>; but a **corrupt** tree bringeth forth <u>**evil fruit**</u>. A good tree cannot <u>**bring forth**</u> evil fruit, neither can a corrupt tree bring forth good fruit. Every tree that bringeth not forth good fruit is <u>**hewn down**</u>, and <u>**cast into the fire**</u>. Wherefore by their fruits <u>**ye shall know**</u> them.

(MATTHEW 7:15–20)

WORD SEARCH

```
C A S T I N T O T H E F I R E
U S E P A R G C O R R U P T B
Z P T I U R F L I V E Q M Y R
O Y B E W A R E T B U V F O I
R E Q V H E W N D O W N R S N
V S H E E P S C L O T H I N G
M H T S F U O T B Q H P S W F
E A O H T I U R F D O O G U O
H L T W I I S Z P V K M I F R
T L R H P S U W M E N X F K T
W K W H O A T R T Y S B H R H
O N B V F R B L F P Z L E W U
N O P T Y Y N P E R Q E A T O
K W F S Z W M S F S S H B F R
R A V E N I N G W O L V E S H
```

OLD TESTAMENT PROPHETS AND PROPHETESSES

Ahijah (1 Kings 11:29)

Azariah (2 Chronicles 15:1–2)

Deborah (Judges 4:4–9)

Elijah (1 Kings 17–2 Kings 2)

Elisha (2 Kings 2–13)

Enoch (Jude 14–15)

Gad (1 Samuel 22:5)

Hanani (2 Chronicles 16:7–10)

Huldah (2 Chronicles 34:22–28)

Iddo (2 Chronicles 9:29)

Isaiah's wife (Isaiah 8:3)

Jacob (Genesis 48–49)

Jehu (1 Kings 16:1–12)

Micaiah (1 Kings 22:8–28)

Miriam (Exodus 15:20)

Nathan (2 Samuel 7)

Noah (Genesis 9:24–27)

Oded (2 Chronicles 15:8)

Shemiah (1 Kings 12:22)

Uriah (Jeremiah 26:20)

Zechariah (Zechariah 1:7)

WORD SEARCH

```
H  R  A  Z  A  R  O  B  O  C  U  A  H  S  I
A  J  E  H  U  T  E  W  X  E  H  G  B  N  S
N  F  A  G  C  Q  H  P  O  L  J  U  A  T  A
I  O  P  U  H  A  I  A  C  I  M  N  L  D  I
N  H  Y  K  I  I  T  I  A  S  A  P  A  D  A
A  C  D  R  H  A  D  L  U  H  A  I  R  U  H
H  E  A  E  A  E  Z  D  A  A  I  Q  E  O  S
T  Z  H  U  D  G  N  I  O  I  Z  J  Z  D  W
A  M  S  O  E  O  R  O  G  M  X  F  A  D  I
N  A  I  D  D  A  R  W  C  E  C  E  U  H  F
I  O  I  R  H  O  U  A  F  H  A  J  I  L  E
R  N  D  C  I  S  T  C  H  S  I  R  U  A  I
A  K  E  H  U  A  W  K  P  T  O  A  G  H  R
F  Z  B  F  Y  E  M  Y  H  A  R  O  B  E  D
O  B  O  C  A  J  H  I  A  S  I  R  C  E  Z
```

HEALED (OF) BY JESUS

Devils	Servant
<u>Divers diseases</u>	<u>Sick people</u>
Dropsy	<u>The blind</u>
Lazarus	<u>The dumb</u>
Lepers	<u>The lame</u>
Lunaticks	<u>The maimed</u>
Malchus	Torments
<u>Mary Magdalene</u>	<u>Unclean spirits</u>
Palsy	

WORD SEARCH

```
A  E  U  L  U  N  A  T  I  C  K  S  P  E  A
C  L  R  K  S  B  M  U  D  E  H  T  N  O  S
H  P  D  G  T  E  R  V  K  N  T  E  L  T  T
B  O  Q  C  X  H  D  L  H  C  L  Q  E  M  I
D  E  V  I  L  S  E  N  A  A  X  O  P  A  R
N  P  Z  F  F  Z  M  B  D  Z  D  O  E  L  I
E  K  A  I  P  J  I  G  L  F  A  T  R  C  P
M  C  I  L  N  I  A  P  C  I  J  R  S  H  S
A  I  R  U  S  M  M  X  U  G  N  J  U  U  N
L  S  Q  G  Y  Y  E  D  S  T  B  D  P  S  A
E  O  H  R  A  T  H  Q  P  N  K  P  B  D  E
H  M  A  G  O  R  T  H  D  R  O  P  S  Y  L
T  M  D  S  E  R  V  A  N  T  S  S  A  H  C
K  C  P  U  T  O  R  M  E  N  T  S  R  P  N
D  I  V  E  R  S  D  I  S  E  A  S  E  S  U
```

THE FULNESS OF TIME

But when the **fulness** of the **time** was **come**, God <u>**sent forth**</u> his Son, **made** of a **woman**, made under the law, to **redeem** them that were <u>**under the law**</u>, that we might **receive** the **adoption** of **sons**. And because ye are sons, God hath sent forth the **Spirit** of <u>**his Son**</u> into your **hearts**, **crying**, **Abba**, **Father**. **Wherefore** thou art no more a **servant**, but a son; and if a son, then an <u>**heir of God**</u> through **Christ**.

(GALATIANS 4:4–7)

WORD SEARCH

```
B H N S P I R I T D Y T O I C
G I V W J Q E V I E C E R K J
E U S F R A D O P T I O N C P
R H F U L N E S S A G P X H U
O T A L N X E N Y B E O T R Z
F E T K V D M S R B H R F I E
E U H M U T E T C A O F Y S L
R D E W H E I R O F G O D T Z
E G R A C I Y M T B I A P Q F
H C T B V I S N E H D G S E M
W O M A N C E S N J E O T H A
S M X G W S D M O D A L R I V
M E L Y S E R V A N T B A N Q
F X S R K Z Q M P C J O E W K
A E S O N S I T C B W R H L D
```

TRIUMPHANT FAITH
(Psalm 27)

Afraid	Lifted
Answer	Light
Beauty	Lord
<u>Be of good courage</u>	Mercy
Confident	Pavilion
Desired	Rise
Encamp	Rock
Enquire	Salvation
Fear	Seek
Fell	<u>Sing praises</u>
Foes	Strengthened
<u>He shall hide me</u>	Temple
Hear	Time
Help	Trouble
Host	<u>Wait on the Lord</u>
Joy	War

WORD SEARCH

```
B E M O M U R T I E R L A E Z
E E M E D I H L L A H S E H I
H Y O J R G E P W H E A R P S
O T D F I C M F E L L L A L P
X U E L G E Y H B O P V T I M
E A N S T O N U R D I A R F A
R E E E I U O D O L L T E T C
T B H O N R E D I A R I W E N
R O T F T S R O C K U O S D E
I N G T I S N H E O Q N N M R
U L N R M A I E O O U N A D I
M A E W E V S H A S O R T A U
P D R O L E H T N O T I A W Q
E O T N E D I F N O C R X G N
T N S E S I A R P G N I S P E
```

NEHEMIAH GETS TOUGH

In **those days** also saw I **Jews** that had **married** wives of **Ashdod**, of **Ammon**, and of **Moab**: and their **children** spake **half** in the **speech** of Ashdod, and could not **speak** in the Jews' **language**, but according to the language of **each people**. And I **contended** with them, and **cursed** them, and **smote certain** of them, and **plucked off** their **hair**, and **made** them **swear by God**, saying, **Ye shall not give** your **daughters** unto their **sons**, nor take their daughters unto your sons, or for **yourselves**.

(NEHEMIAH 13:23–25)

WORD SEARCH

```
F  I  T  U  C  O  N  T  E  N  D  E  D  T  R
Y  R  C  N  I  L  Y  G  G  N  I  A  O  I  M
U  E  N  O  M  M  A  D  E  S  S  C  A  E  T
L  B  S  F  R  U  O  O  S  Y  I  H  R  H  N
E  S  W  H  G  U  T  A  K  A  E  P  S  A  I
D  D  E  N  A  S  H  E  B  D  S  E  R  L  A
I  B  A  V  P  L  U  C  K  E  D  O  F  F  T
N  L  R  U  L  A  L  E  J  S  M  P  A  I  R
W  I  B  N  G  E  S  N  M  O  E  L  S  A  E
S  O  Y  A  L  H  S  O  O  H  W  E  G  O  C
P  I  G  E  M  Y  T  R  N  T  L  R  J  R  U
E  L  O  B  T  E  I  E  U  S  G  E  E  O  R
E  E  D  O  D  H  S  A  R  O  W  I  T  Y  S
C  H  I  L  D  R  E  N  E  S  Y  L  V  N  E
H  K  O  C  E  M  P  T  M  A  R  R  I  E  D
```

seventy-**75**-five

PERSONIFIED IN THE BIBLE

Arrows ("drunk," Deuteronomy 32:42)

Blood (crying out, Genesis 4:10)

Death (rider of pale horse, Revelation 6:8)

Ear (speaking, 1 Corinthians 12:16)

Earth (vomiting, Leviticus 18:25)

Grievous words (stirring up anger, Proverbs 15:1)

Heart ("glad," Proverbs 12:25)

Hills ("singing," Isaiah 55:12)

Hope (perishing, Proverbs 11:7)

Mammon (a master, Matthew 6:24)

Righteous lips (feeding, Proverbs 10:21)

Stone ("a witness," Joshua 24:27)

Sword (devouring flesh, Deuteronomy 32:42)

Trees ("clap their hands," Isaiah 55:12)

Tongue (walking, Psalm 73:9)

Waters (seeing, Psalm 77:16)

Wicked words (lying in wait, Proverbs 12:6)

Wisdom (a woman, Proverbs 1:20)

WORD SEARCH

```
O A V B I S E W Z A R R O W S
E T P H S N A B U P N T E A D
G R I E V O U S W O R D S T S
L E T A K O O D S E N I N E P
S E A R T H V P U E A Q B R I
D S Z T E T I G Y S P R K S L
N R N A T H N S R U L T V Z S
U N P Q S O T N W I O L N P U
Y O K D T P B L M O Y E I D O
T M E W O E Z O Y Z R Y K H E
O M V L N Y D A D P Y D O R T
E A Y N E S N R D E A T H U H
B M O S I Z T W B V Q Y N A G
Z D I W I C K E D W O R D S I
B L O O D V E N A K L T U Z R
```

A JORDAN RIVER MEMORIAL

Then **Joshua** called the **twelve men**, whom he had **prepared** of the **children** of Israel, out of every tribe a man: and Joshua said unto them, **Pass over** before the **ark** of the LORD your God into the midst of **Jordan**, and take you up every man of you a **stone** upon his **shoulder**, **according** unto the **number** of the **tribes** of the children of Israel: that this may be a **sign** among you, that when your children ask their **fathers** in **time** to come, **saying**, What mean ye by these stones? Then ye shall **answer** them, That the **waters** of Jordan were cut off before the ark of the **covenant** of the LORD; when it **passed** over Jordan, the waters of Jordan were **cut off**: and these stones shall be for a **memorial** unto the children of Israel for ever.

(JOSHUA 4:4–7)

WORD SEARCH

```
S E Y N E M E V L E W T G O P
M J O R D A N E F L E E R R O
I O Q U I O K M N Y K E E T I
L S B A R G N A G H V P D N G
C H I L D R E N I O A W L A N
O U S L A H K G S R C S U C I
V A R E I C R S E D U R O C Y
E F A R L F A D M R T E H O A
N N E O G P U I E N O T S R S
A A L F H A R R D A F A N D R
N B R E T S E A E R F W G I E
T R I B E S B N T T O E L N H
E T U K M E M O R I A L R G T
R E N L I D U P L M R J O D A
J X R E W S N A A E E H C A F
```

JOSEPH'S PRISON TERM
(Genesis 40)

Baker	Head
Birds	Interpreter
Birthday	Joseph was bound
Blossoms	Lift
Branches	Make mention of me
Butler	Morning
Cup	Night
Dreamed a dream	Offended
Dungeon	Pharaoh was wroth
Eat	Prison
Egypt	Restored
Flesh	Sad
Forgat	Three days
Grapes	Vine
Guard	Ward
Hanged	White baskets

WORD SEARCH

```
C R I B A H E A D R A U G T M
M Y N A L T A E U V U D R A W
O A T K E O H N N I G S K L H
R D E E R R S R G N U E L E I
E H R R S W O S E E M I I D T
L T P D D S D F O E D E F E E
T R R G T A A E N M D Z T R B
U I E N H W D T S S A P O A
B B T I G H I E E N G N Y T S
A U E N I O N P M R E G G S K
K T R R N A A X O A N F E E E
O L O O K R P F H S E L F R T
N E F M G A U N O S I R P O S
R M X S E H C N A R B O D Y A
E J O S E P H W A S B O U N D
```

JESUS CLEARS THE TEMPLE

After this he went down to **Capernaum**, he, and his **mother**, and his **brethren**, and his **disciples**: and they continued there not many **days**. And the Jews' **passover** was at hand, and Jesus went up to **Jerusalem**. And found in the **temple** those that sold **oxen** and **sheep** and **doves**, and the **changers** of **money** sitting: and when he had made a **scourge** of small **cords**, he drove them all out of the temple, and the sheep, and the oxen; and **poured** out the changers' money, and **overthrew** the **tables**; and said unto them that sold doves, Take these things hence; make not my Father's house an house of **merchandise**. And his disciples remembered that it was **written**, The **zeal** of thine **house** hath **eaten** me up. Then answered the **Jews** and said unto him, What sign **shewest** thou unto us, **seeing** that thou doest these things? Jesus answered and said unto them, **Destroy** this temple, and in **three days** I will **raise** it up.

(JOHN 2:12–19)

WORD SEARCH

```
H  S  E  L  B  A  T  S  E  W  E  H  S  E  B
A  N  O  P  R  P  A  S  S  O  V  E  R  S  L
T  D  J  K  W  J  E  R  U  S  A  L  E  M  O
H  E  A  C  O  R  D  S  C  O  U  R  G  E  R
R  D  W  D  E  S  T  R  O  Y  M  O  N  P  O
E  S  I  A  R  W  R  I  T  T  E  N  A  L  N
E  M  O  N  E  Y  L  N  T  P  E  E  H  S  Z
D  E  N  Y  M  U  A  N  R  E  P  A  C  E  D
A  R  A  W  O  V  E  R  T  H  R  E  W  L  Y
Y  O  E  D  T  P  Z  T  E  S  Y  A  D  P  G
S  O  L  T  H  L  N  E  T  A  E  W  O  I  E
X  X  P  J  E  W  S  E  E  I  N  G  V  C  R
A  E  M  E  R  C  H  A  N  D  I  S  E  S  E
T  N  E  R  H  T  E  R  B  Z  G  R  S  I  E
P  Y  T  E  S  U  O  H  P  O  U  R  E  D  K
```

PRESERVED GENEALOGIES

(These guys were worthy enough to
have their genealogies written down.)

Abraham (Genesis 25:1–4)

Adam (Genesis 5:1–32)

Asher (1 Chronicles 7:30–40)

Benjamin (1 Chronicles 7:6–12)

Cain (Genesis 4:16–24)

Caleb (1 Chronicles 2:18–20)

David (1 Chronicles 3:1–24)

Ephraim (1 Chronicles 7:20–27)

Esau (Genesis 36:1–43)

Ham (Genesis 10:6–20)

Isaac (Genesis 25:19–23)

Issachar (1 Chronicles 7:1–5)

Jacob (Genesis 49:1–27)

Japheth (Genesis 10:1–5)

Jesse (1 Chronicles 2:13–17)

Jesus (Matthew 1:1–17 and
Luke 3:23–38)

Judah (1 Chronicles 2:3–12)

Levi (1 Chronicles 6:1–53)

Naphtali (1 Chronicles 7:13)

Pharez (Ruth 4:18–22)

Reuben (1 Chronicles 5:1–8)

Shem (Genesis 10:22–31)

Simeon (1 Chronicles 4:24–38)

WORD SEARCH

```
E O D I V A D H J Z B V C X B
U S S Q Z P M N E U Q W H E I
H W A L S A L R B G D R L A U
T Y K U H I A A M F E A J O M
E G X A E H K H R D C B H K P
H V R I P J R C W E G F S D I
P B U S H X E A S C U N C H L
A A O A R E H S A V I B L J A
J P D Z A C E S U M J W E I T
E Y J A I J V I A S S Y U N H
W T U K M K B J G B I K O T P
S G A I O L N C H N M S F H A
Q H V V P E Q W A O E R A W N
Z E E C B Z A Y U I O T S A O
L W R M T B O C A J N B I P C
```

UNFAILING LOVE

And the **Lord passed** by **before** him, and **proclaimed**, The Lord, The Lord **God, merciful** and **gracious, longsuffering,** and **abundant** in **goodness** and **truth, keeping mercy** for **thousands,** forgiving **iniquity** and **transgression** and **sin**, and that will by no means **clear** the **guilty; visiting** the iniquity of the **fathers** upon the **children**, and upon the children's children, unto the **third** and to the **fourth generation.**

(Exodus 34:6–7)

WORD SEARCH

```
G M E R C Y D G I H T U R T D
R L C H I L E O N D C L E R R
A O R K E E S O I A R G L A I
C N A T G K S D Q M F O C N H
I G E G N E A N U E A O L S T
O S L U I A P E I R T D H G N
U U C I P A D S T C H N T R O
S F B L E L U N Y L E E R E I
G F E T E P R O U C R S U S T
U E F Y K T H F I B S S O S A
P R O C L A I M E D A E F I R
R I R A N C H I L D R E N O E
U N E I R G E N E R A Y D N N
O G S E V I S I T I N G I O E
F O M U R S D N A S U O H T G
```

TAMAR'S TRAGIC ENCOUNTER

(2 Samuel 13)

<u>Absalom's sister</u>	Hatred
<u>Amnon was so vexed</u>	<u>I love Tamar</u>
Cakes	Jonadab
Chamber	<u>Kill him</u>
Colours	<u>Lay down</u>
<u>Come lie with me</u>	Mourned
Crying	Refused
David	Servant
Desolate	Shame
<u>Eat at her hand</u>	Sick
Evil	Slain
Fair	Son
Fled	Stronger
Force	Subtil
Friend	Virgin
Garment	Wept

WORD SEARCH

```
S I S H A M E T A L O S E D E
R E G N O R T S C H A M B E R
U E H A S X F A F I H E W X F
O S T E L E O R A T A S O E L
L R K S A N R V I R G I N V E
O A I C I O C W R E G G R O D
C M L E N S E R V A N T U S I
L A L K C I S L R I W D J S V
O T H R L D I M Y E O R O A A
T E I E H T E R O T D H N W D
H V M F B N C R A L Y E A N H
E O R U T W E P T P A T D O L
C L S S D T H E N A L S A N I
A I D E N R U O M E H A B M V
T E R D N A H R E H T A T A E
```

eigh82two

BEAUTIFUL PEOPLE, PLACES, AND THINGS OF SCRIPTURE

Abigail	Flock
Bathsheba	Garments
<u>Branch of the Lord</u>	<u>Gate of the temple</u>
Countenance	House
Crown	<u>Mount Zion</u>
David	Rachel
Esther	Rod
<u>Every thing</u>	Solomon
Feet	<u>Solomon's wife</u>

WORD SEARCH

```
H  W  Z  S  Q  A  G  G  A  R  M  E  N  T  S
C  O  U  N  T  E  N  A  N  C  E  K  S  A  N
A  T  U  N  R  E  B  T  I  N  C  R  Q  W  T
N  S  I  S  M  S  Z  E  V  O  L  L  O  E  K
M  Q  A  O  E  T  K  O  L  B  A  R  S  B  L
D  R  O  L  E  H  T  F  O  H  C  N  A  R  B
V  O  B  O  N  E  D  T  R  D  W  T  P  M  P
A  K  R  M  Z  R  L  H  A  C  H  D  R  O  Q
S  O  L  O  M  O  N  E  I  S  T  N  L  U  A
P  D  I  N  L  Q  G  T  H  I  P  Z  K  N  I
M  N  A  S  K  A  P  E  R  V  F  E  E  T  N
R  Z  G  W  T  C  B  M  T  E  W  W  G  Z  R
I  L  I  I  V  A  K  P  Q  P  D  A  V  I  D
C  K  B  F  S  B  Z  L  E  H  C  A  R  O  M
S  T  A  E  G  E  V  E  R  Y  T  H  I  N  G
```

NOAH FOUND GRACE

And the LORD said, I will **destroy man whom** I have **created** from the **face** of the **earth**; both man, and **beast**, and the **creeping thing**, and the **fowls** of the **air**; for it **repenteth** me that I have **made** them. But **Noah found grace** in the **eyes** of the LORD.

(GENESIS 6:7–8)

WORD SEARCH

```
L O R B N O A L H T H I N G E
S E Y E W A O N F O U G R A Y
D E S A T R F O W B C V D A M
E B R B D F A G O E R S O F A
S R I E W H N R W A E L R C I
E C A F A I Q A R S E W E R O
D E Y E P O D C B T P O Y E L
M A C E R E A R T H I F E A O
A C E I T D S A E B E E D A M
D R F A F O W K L C N O A F O
C D E S T R O Y A G R A C O H
R R M A N O A R P E R H R H W
C R T S E D G T H I N X A T H
R A H T E T N E P E R R D O T
C F O U N D A O N F A C A M N
```

GOD REMEMBERED NOAH

And **God remembered Noah**, and **every living thing**, and all the **cattle** that was with him in the **ark:** and God made a **wind** to **pass over** the **earth**, and the **waters assuaged**; the **fountains** also of the **deep** and the **windows** of heaven were **stopped**, and the **rain** from **heaven** was **restrained**; and the waters **returned** from off the earth continually: and after the **end** of the **hundred** and **fifty days** the waters were **abated**.

(GENESIS 8:1–3)

WORD SEARCH

```
N D K D A S S U N E V A E H P
P O R E A R E T H I N G H F A
E W A N K Y R A D F I F U I S
E I S H F O S W O D N I W F S
D H U N D R E D G V U O F T U
E V E R Y R E S N I E A R Y A
R F D E N I A R T S E R N E G
E O D H U D E T A B A B A S T
S U E D A D E G A U S S A T H
T N N R E M E M E B R E D O G
W T R N Y I F N A L E D A P N
I A U O F I D T R Y T Q T P I
N I T F D E P O T S A T J E V
D N E N I A R D H P W Y A D I
C S R E M E M B E R E D T C L
```

eighty**85**five

JESUS WAS LIKE
US IN MANY WAYS

Angered (Mark 3:5)

Blood (John 19:34)

Body (Matthew 26:12)

Buried (Matthew 27:60)

Compassionate (Mark 1:41)

Died (Mark 15:37)

Flesh (John 1:14)

Grieved (Mark 3:5)

Growth (Luke 2:40)

Hungered (Matthew 21:18)

Joyful (John 15:11)

Learned (Luke 2:52)

Loved (John 11:5)

Parents (Luke 1:31; Galatians 4:4)

Prayed (Mark 1:35)

Questioned (Mark 11:29)

Slept (Luke 8:23)

Suffered (Luke 22:44)

Sorrowed (Matthew 26:37)

Sweat (Luke 22:44)

Tempted (Matthew 4:3)

Thirsted (John 19:28)

Tired (John 4:6)

Troubled (Matthew 26:37)

Wept (John 11:35)

WORD SEARCH

```
B O O G D E R E G N A W E L S
O A Q E U I B D E T P M E T I
D H R U D T A E W S C T F P R
S I T F E B M T P C A S E L T
T A R W V S V S H N X O S Y L
N H O Q E P T R O W I R H D E
E S U C I D E I R U B R O O A
R W B N R I S H O T R O U B R
A A L Z G S R T A N L W I Y N
P T E X A E L U P B E E A D E
F R D P P U R U B R T D E H D
A L M M F T P E L S A I W E Y
R O E Y B E D I D A D Y V U A
C H O S U F F E R E D O E H R
T J O C H T W O R G L O V D P
```

GOD IS GREAT!

He hath made his **wonderful works** to be **remembered**: the Lord is **gracious** and full of **compassion**. He hath given **meat** unto them that **fear** him: he will ever be **mindful** of his **covenant**. He hath shewed **his people** the **power** of his works, that he may give them the **heritage** of the **heathen**. The works of **his hands** are **verity** and **judgment**; all his **commandments** are sure. They **stand fast** for ever and ever, and are done in **truth** and **uprightness**. . . . The fear of the Lord is the beginning of **wisdom**: a good **understanding** have all they that do his commandments: his **praise endureth** for **ever**.

(Psalm 111:4−8, 10)

WORD SEARCH

```
W  G  N  I  D  N  A  T  S  R  E  D  N  U  R
C  O  V  E  N  A  N  T  D  E  S  I  A  R  P
G  P  N  S  T  A  N  D  F  A  S  T  L  H  S
L  O  R  D  Q  F  Y  T  I  R  E  V  E  R  S
U  P  E  M  E  A  T  E  A  C  G  A  Z  E  T
P  F  L  C  S  R  H  E  R  I  T  A  G  E  N
R  T  P  Z  O  E  F  Q  L  H  W  F  P  H  E
I  T  O  I  R  M  N  U  E  G  I  S  C  I  M
G  N  E  U  T  E  P  N  L  E  S  H  N  S  D
H  E  P  G  R  M  W  A  T  W  D  T  Z  H  N
T  M  S  L  D  B  F  O  S  C  O  U  O  A  A
N  G  I  Z  A  E  S  U  P  S  M  R  T  N  M
E  D  H  T  E  R  U  D  N  E  I  T  K  D  M
S  U  C  P  O  E  G  R  A  C  I  O  U  S  O
S  J  M  I  N  D  F  U  L  U  G  Q  N  C  C
```

IN THE BIBLE PANTRY

Almonds (Genesis 43:11)

Anise (Matthew 23:23)

Barley (Revelation 6:6)

Beans (Ezekiel 4:9)

Cinnamon (Exodus 30:23)

Coriander seed (Exodus 16:31)

Corn (Judges 15:5)

Cummin (Matthew 23:23)

Fitches (Ezekiel 4:9)

Figs (Luke 6:44)

Garlick (Numbers 11:5)

Gourds (2 Kings 4:39)

Honey (Mark 1:6)

Leeks (Numbers 11:5)

Lentiles (Ezekiel 4:9)

Millet (Ezekiel 4:9)

Mint (Matthew 23:23)

Mustard seed (Mark 4:31)

Nuts (Genesis 43:11)

Olive oil (Deuteronomy 8:8)

Olives (Judges 15:5)

Onions (Numbers 11:5)

Pulse (2 Samuel 17:28)

Raisins (1 Samuel 30:12)

Rie (Isaiah 28:25)

Rue (Luke 11:42)

Saffron (Song of Solomon 4:14)

Salt (Mark 9:50)

Spices (Genesis 43:11)

Vinegar (Ruth 2:14)

Wheat (1 Corinthians 15:37)

WORD SEARCH

```
A K E T M H T A N T A E H W S
R L N W S N U O X M T N D U N
N I M M U C M W N P I E I R A
M G E O Z A H C L I E L O S L
I S T H N Y J I Q S O C L D E
L P S N A D O A R B S N K E N
L I I S B E S E N A G C S E T
R C K N V I D O O R I C N S I
W E U I P N R X A L F D A D L
R S L S A F U M R E I S E R E
U O U I F L O A N Y T V B A S
E G R A S X G R B U C O E T L
H O S R C A Y E N O H P G S U
C V S K E E L W J I E L Z U P
V I N E G A R T A E S W R M A
```

DELILAH'S DECEPTION

And she said unto him, How canst thou **say**, I **love** thee, when thine **heart** is not with me? thou hast **mocked** me these **three times**, and hast not told me **wherein** thy great **strength lieth.** And it came to pass, when she **pressed** him **daily** with her **words**, and **urged** him, so that his **soul** was **vexed** unto **death**; that he told her all his heart, and said unto her, There hath not come a **razor upon** mine **head**; for I have been a **Nazarite** unto **God** from my **mother's womb**: if I be **shaven**, then my strength <u>**will go**</u> from me, and I shall become **weak**, and be like any **other man.**

(Judges 16:15–17)

WORD SEARCH

```
S  V  E  X  E  Q  E  W  N  E  V  A  H  S  S
H  E  X  O  G  L  L  I  W  H  T  A  E  D  U
K  X  S  T  R  E  N  G  T  H  P  E  W  O  R
A  E  O  T  H  E  M  A  L  O  R  R  H  R  G
E  D  S  A  T  H  R  E  E  S  E  P  E  O  E
W  O  R  D  S  N  Y  S  A  H  S  U  R  Z  D
L  J  M  O  W  A  A  H  T  U  S  R  E  A  D
I  I  M  O  T  Z  S  O  U  L  E  G  I  R  A
E  S  W  R  O  A  G  R  P  I  D  L  N  W  I
T  H  A  I  M  R  O  M  O  S  Y  A  E  H  L
H  E  V  I  O  I  S  A  N  R  E  P  U  O  V
H  A  E  B  C  T  G  N  B  A  W  M  V  E  E
A  D  M  I  K  E  R  O  A  Z  A  E  I  Y  X
N  O  W  E  E  K  W  O  D  O  W  O  M  T  E
W  N  A  Z  D  A  H  S  R  E  H  T  O  M  R
```

JOBS IN THE BIBLE

Apothecary (Exodus 30:25)

Baker (Genesis 40:1)

Barber (Ezekiel 5:1)

Carpenter (2 Samuel 5:11)

Calker (Ezekiel 27:9)

Confectionary (1 Samuel 8:13)

Cook (1 Samuel 8:13)

Coppersmith (2 Timothy 4:14)

Engraver (Exodus 28:11)

Fisherman (Matthew 4:18)

Fowler (Proverbs 6:5)

Fuller (2 Kings 18:17)

Hewer (2 Kings 12:12)

Husbandman (Luke 20:9)

Mariner (Ezekiel 27:9)

Mason (2 Kings 12:12)

Messenger (2 Samuel 5:11)

Porter (2 Samuel 18:26)

Potter (Isaiah 64:8)

Publican (Luke 19:2)

Refiner (Malachi 3:3)

Scribe (Jeremiah 8:8)

Shearer (Acts 8:32)

Shepherd (Luke 2:8)

Silversmith (Acts 19:24)

Tanner (Acts 9:43)

Tentmaker (Acts 18:3)

Watchman (2 Samuel 18:26)

WORD SEARCH

```
S W Q V H T I M S R E P P O C
X C S E N G R A V E R U K N A
B A R I R E N I F E R O Y A R
J L P I L P W C Z E O R I M P
N K U O B V H A N C A F G R E
A E B R T E E I T N O K L E N
M R L E J H R R O C R P R H T
D O I K G A E I S E H E E S E
N U C A M L T C B M L M R I R
A R A B W C R R A L I B A F E
B E N O E E A S U R A T E N N
S T F F T B O F W Q Y K H T N
U R N T E N T M A K E R S O A
H O O D R E H P E H S C I P T
C P M E S S E N G E R E W E H
```

*ninety*90

BIBLICAL CHARIOTEERS

Absalom	Joash
Adonijah	Joram
Ahab	Joseph
Ahaziah	Josiah
Benhadad	Naaman
Captains	Nebuchadnezzar
David	Pharaoh
Elah	Philip
Elijah	Rehoboam
Elisha	Shobach
<u>Ethiopian eunuch</u>	Shophach
Horsemen	Sisera
<u>Jabin's army</u>	Solomon
Jehoahaz	Zerah
Jehoshaphat	Zimri
Jehu	

WORD SEARCH

```
R  S  N  A  H  S  I  L  E  B  J  O  A  S  H
Y  A  E  H  A  D  A  D  A  H  N  E  B  C  E
M  B  Z  A  H  A  O  H  E  J  D  L  U  P  B
R  S  E  Z  E  R  A  H  O  I  A  N  A  H  S
A  A  L  I  E  S  H  S  V  R  U  R  H  I  O
S  L  A  A  L  R  E  A  E  E  S  N  A  L  L
N  O  D  H  A  P  D  S  N  H  C  E  C  I  O
I  M  O  Z  H  R  I  A  T  S  B  H  M  P  M
B  A  N  I  S  S  I  H  H  A  J  I  L  E  O
A  R  I  M  H  P  A  O  H  C  H  A  R  I  N
J  O  J  R  O  S  P  A  T  O  U  H  E  J  A
O  J  A  I  B  H  A  R  E  H  O  B  O  A  M
R  O  H  T  A  H  P  A  H  S  O  H  E  J  A
A  T  S  C  C  B  A  H  A  I  S  O  J  N  A
E  O  H  U  H  C  A  P  T  A  I  N  S  B  N
```

PAUL'S THORN IN THE FLESH
(2 Corinthians 12:7–10)

Above	Persecutions
Abundance	Pleasure
Buffet	<u>Power of Christ</u>
Depart	Rather
Distresses	Rest
Exalted	Revelations
Gladly	Sake
Glory	Satan
Grace	Should
Lest	Strength
Measure	Strong
Messenger	Sufficient
Necessities	Thrice
Paul	<u>Thorn in the flesh</u>
Perfect	Weak

WORD SEARCH

```
H T G N E R T S O Q G R A C E
E S D E T L A X E U N E B U R
S A E N E P E R F E C T O D U
T K P L F O G N O R T S V I S
W E A K F W P Y R O L G E S A
X T R L U E H N E C I R H T E
E N T E B R H A R E H T A R L
C E G S N O I T U C E S R E P
N I L T O F N A N P A U L S T
A C A N E C E S S I T I E S I
D I D R A H Q U E S N T E E O
N F L B E R U S A E M R B S N
U F Y C M I R A N D L U O H S
B U M E S S E N G E R G T H K
A S N O I T A L E V E R U C T
```

CROWNED WITH GLORY AND HONOUR

What is **man**, that **thou art mindful** of **him**? and the **son** of man, that thou **visitest** him? For thou hast **made** him a **little lower** than the **angels**, and hast **crowned** him with **glory** and **honour**. Thou **madest** him to have **dominion over** the **works** of thy **hands**; thou hast put all **things under** his **feet**.

(PSALM 8:4–6)

WORD SEARCH

```
M A D E S G W H T A N I M O D
O O V E T H A N B R R T A H W
L V M I N D F U L W H T N O D
R I E M A D E S J H V W G L O
E A T R S G N I H T O L E W M
D T S E T I S I V I O V L O I
N S H E D A M A H W I I S R N
U T A S O T H A E S S K R O W
D E N W O R C B D K L P O H T
K A D U N D E T S E D A M A Y
M A S N H O N O U F D A M W R
D O M D H O N O U R A F A U O
W N A E I N I M O D R E W O L
D O M I N I O N S I V E I H G
T S A L I T T L E R H T H T W
```

TWO GREAT BEASTS
(Revelation 13)

Authority	Number
Bear	<u>Out of the earth</u>
Beast	<u>Out of the sea</u>
Captivity	Power
Deadly	<u>Right hand</u>
Dragon	Saints
Feet	Sand
Foreheads	<u>Seven heads</u>
Killeth	Sword
Lamb	<u>Ten crowns</u>
Leopard	<u>Ten horns</u>
Lion	<u>Two horns</u>
Mark	War
Miracles	Wonders
Mouth	Worshipped
<u>Name of blasphemy</u>	Wounded

WORD SEARCH

```
Y A O T L S R S K R A S D O M
T M T W E T I R R A E B E U A
I I E O W N G E R V S M A T R
R R N H O I H D E F E A D O K
O A C O P A T N W O H L L F Y
H C R R O S H O O U T H Y T T
T L O N R E A W P T F F E H I
U E W S A N N L E D O K E E V
A S N D O U D N B R T I H E I
S W S G M E H E E F U L T A T
A A A B D O A H S E O L U R P
N R E N R S E W V I W E O T A
D R U N T A O L I O N T M H C
R O S E D R A P O E L H U A O
W U P S D E P P I H S R O W N
```

REALLY BIG PEOPLE, PLACES, AND THINGS

Anakims

Ark

Emims

<u>God's kingdom</u>

Goliath

<u>Great fish</u>

<u>Great flood</u>

Hail

<u>Og, king of Bashan</u>

Plagues

<u>Red Sea</u>

<u>Solomon's throne</u>

Temple

<u>The love of God</u>

<u>Tower of Babel</u>

<u>Two great lights</u>

<u>Walls of Jericho</u>

Zamzummims

WORD SEARCH

```
T W O G R E A T L I G H T S P
I F J L E B A B F O R E W O T
M E G R E D S E A V P I H D V
O M O L T O N C A L F C J O F
D I S V E G I K A L I H S O S
G M E J M F A K F R N T M L M
N S U A P O T O E G K A I F I
I N G K L E N J L Q T I K T M
K G A T E V F L V A F L A A M
S O L O M O N S T H R O N E U
D C P O S L O E L U T G A R Z
O F O L N E U P Z I G K Q G M
G U L K A H S I F T A E R G A
Q A L O Q T F I A P Z H N O Z
W O G K I N G O F B A S H A N
```

PRIESTLY GARMENTS

And take thou unto thee **Aaron** thy **brother**, and his **sons** with him, from among the **children** of Israel, that he may **minister** unto me in the priest's office, even Aaron, **Nadab** and **Abihu**, **Eleazar** and **Ithamar**, Aaron's sons. And thou shalt make holy **garments** for Aaron thy brother for **glory** and for **beauty**. . . . And these are the garments which they shall make; a **breastplate**, and an **ephod**, and a **robe**, and a broidered **coat**, a **mitre**, and a **girdle**: and they shall make holy garments for Aaron thy brother, and his sons, that he may minister unto me in the priest's office. And they shall take **gold**, and **blue**, and **purple**, and **scarlet**, and <u>**fine linen**</u>.

(Exodus 28:1–2, 4–5)

WORD SEARCH

```
N  I  L  T  Y  D  V  E  E  D  F  Y  R  S  T
A  X  N  K  R  S  C  A  R  L  E  T  G  O  L
B  I  E  N  O  N  T  S  C  R  N  U  O  U  N
W  C  N  D  L  O  G  N  E  E  M  A  P  W  E
O  W  I  Y  G  S  E  H  E  Q  U  E  U  L  B
M  A  L  H  A  L  T  R  U  M  G  B  K  G  R
H  P  E  J  A  O  Y  A  N  B  R  T  O  R  S
C  I  N  B  R  E  A  S  T  P  L  A  T  E  T
V  T  I  B  O  C  K  V  T  S  C  H  G  T  L
P  H  F  F  N  E  R  D  L  I  H  C  B  S  N
U  A  B  E  W  P  O  E  A  S  U  O  O  I  E
R  M  E  R  U  H  B  A  D  A  N  A  O  N  D
P  A  A  M  M  O  E  W  E  A  V  T  H  I  F
L  R  T  P  Y  D  S  T  T  E  R  T  I  M  I
E  S  G  I  R  D  L  E  L  E  A  Z  A  R  N
```

THE MALTESE "FANG-ON"
(Acts 28:1–11)

Alexandria	Honours
Barbarians	Island
Beast	Kindled
<u>Bundle of sticks</u>	<u>Little kindness</u>
Chief	Melita
Cold	Murderer
Departed	Paul
Diseases	Possessions
Escaped	Prayed
Fastened	Publius
Fever	Rain
Fire	Shook
Gathered	Suffereth
Hand	Vengeance
Healed	Venomous
Heat	Viper

WORD SEARCH

```
B  M  F  D  E  T  R  A  P  E  D  O  H  S  F
A  L  E  X  A  N  D  R  I  A  H  A  K  N  E
R  S  I  L  H  E  A  L  E  D  U  C  J  O  V
B  L  H  T  I  S  L  A  N  D  I  L  S  I  E
A  P  C  I  T  T  H  E  A  T  N  H  P  S  R
R  O  R  V  D  L  A  D  S  S  O  E  G  S  I
I  P  L  A  E  L  E  F  R  O  R  C  G  E  H
A  H  U  R  Y  P  O  K  K  H  E  N  A  S  T
N  T  I  B  A  E  H  C  I  O  R  A  T  S  E
S  F  S  C  L  I  D  B  N  N  E  E  H  O  R
I  N  S  D  W  I  N  D  D  O  D  G  E  P  E
V  E  N  O  M  O  U  S  L  U  R  N  R  I  F
H  U  A  T  U  J  Y  S  E  R  U  E  E  T  F
B  E  A  S  T  H  A  N  D  S  M  V  D  S  U
F  A  S  T  E  N  E  D  I  S  E  A  S  E  S
```

THE REIGN OF JOASH

(2 Chronicles 24)

Abundance	Joash
Amaziah	King
Athaliah	Masons
Brass	Priest
Carpenters	Reign
Chest	Repair
Collection	Rest
Commandment	Right
Daughters	Seven
<u>Dedicated things</u>	<u>Son of Ahaziah</u>
<u>Forty years</u>	Tabernacle
<u>Gathered money</u>	<u>Two wives</u>
Gold	Vessels
House	Witness
Iron	Zabad
Jehoiada	Zibiah

WORD SEARCH

```
D R O T D E C N A D N U B A D
T E N S L D A B A Z A D A Y T
A S D E O U R M S E S T E W C
C R E I G N P U A S T N O O H
O E E R C U E G E Z O W M B A
L T L P R A N N R M I M R C I
L H C E A I T O D V A A H H Z
E G A N K I E E E N S E H E A
C U N O W H R S D S S A O N H
T A R R A E S M S T I P U E A
I D E I H E E H H L H E S V F
O R B T L N S G A E V I E E O
N I A S T A I H M A S O N S N
Z G T F O R T Y Y E A R S G O
S A O J H A D A I O H E J O S
```

CALLING EVIL GOOD

<u>**Woe unto**</u> them that call **evil** good, and **good** evil; that put **darkness** for light, and **light** for darkness; that put **bitter** for sweet, and **sweet** for bitter! Woe unto <u>**them that are wise**</u> in their <u>**own eyes**</u>, and **prudent** in their own **sight**! Woe unto them that are **mighty** to <u>**drink wine**</u>, and <u>**men of strength**</u> to **mingle** strong drink: which **justify** the **wicked** for **reward**, and <u>**take away**</u> the **righteousness** of the righteous from him!

(ISAIAH 5:20–23)

WORD SEARCH

```
T B I T T E R C E L K T N H O
R I G H T E O U S N E S S T N
S A R E W A R D R O L W O G T
H R E M R Y A W A E K A T N L
R W O T T E U I O N E D W E I
S I G H T D O C P E V I L R Y
U T G A D N Y K S R U O D T H
S I R T U R L E S G U N L S A
L E H A E A I D E H E D T F J
T N Y R W O E N N N L R E O U
S A T E Y L A H K A G U N N S
E H H W N S R T R W N A D E T
D N G I A W A L A E I N L M I
T I I S L G O O D I M N W O F
Y S M E D I N A G U M I E N Y
```

SOLOMON'S PALACE COMPLEX
(1 Kings 7:1–12)

Beams	Length
Breadth	Light
Building	Measures
<u>Cedar pillars</u>	<u>Porch of pillars</u>
Coping	Posts
<u>Costly stones</u>	Ranks
Covered	Rows
Cubits	Sawed
Doors	Saws
Floor	Side
Forest	Square
Foundation	Solomon
<u>Great court</u>	<u>Thirteen years</u>
Hewed	Throne
House	Wife
Lebanon	Windows

WORD SEARCH

```
B H O S K N A R G P O S T S G
R T U T U N O N A B E L S R R
E G C I T W I O R N S R E B E
A N O B S P Z G O R A A E O A
D E S U O H N T O L N A T K T
T L T C G I S O L O M O N I C
H E W E D Y D I F S A W E D O
S R A L L I P F O H C R O P U
U B I T E R D U R U S H O T R
R U S R A E Y N E E T R I H T
B O R D R C D R S R E O L R O
C E E E O N O I T A D N U O F
U C V F D M E A S U R E S N L
V O L I G H T I U Q U A R E O
C P E W I N D O W S A W S H O
```

ANSWER KEY

PUZZLE 1

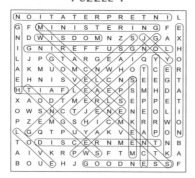

PUZZLE 2

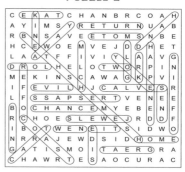

PUZZLE 3

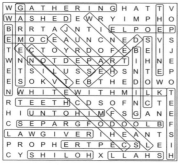

Secret Message: What very important ancestor of Jesus spoke the words of this ancient prophecy? Answer: Jacob

PUZZLE 4

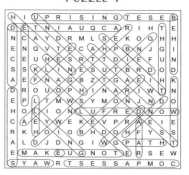

PUZZLE 5

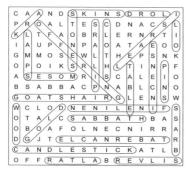

PUZZLE 6

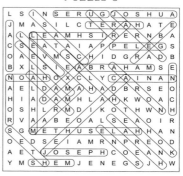

PUZZLE 7

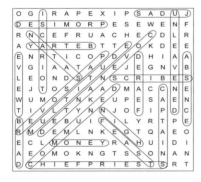

PUZZLE 8

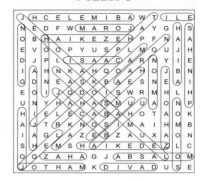

PUZZLE 9

PUZZLE 10

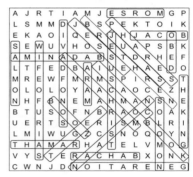

PUZZLE 11

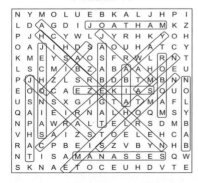

PUZZLE 12

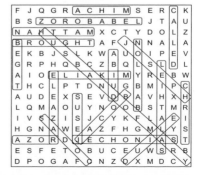

PUZZLE 13

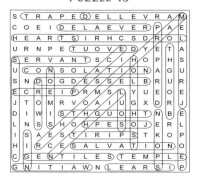

PUZZLE 14

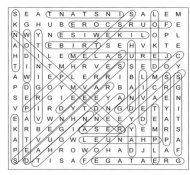

PUZZLE 15

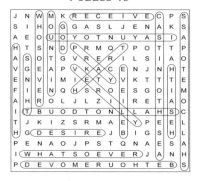

PUZZLE 16

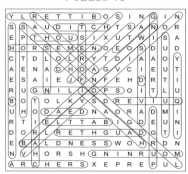

PUZZLE 17

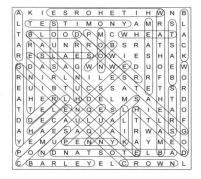

PUZZLE 18

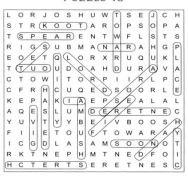

PUZZLE 19

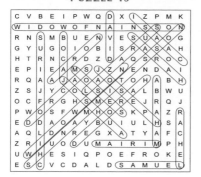

PUZZLE 20

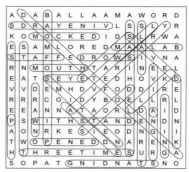

PUZZLE 21

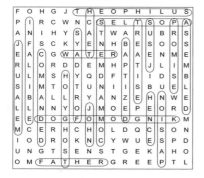

PUZZLE 22

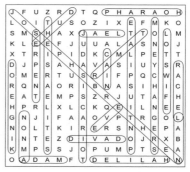

PUZZLE 23

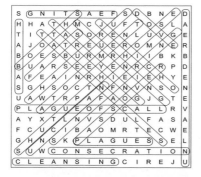

PUZZLE 24

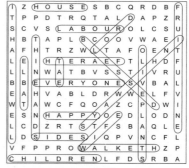

PUZZLE 25

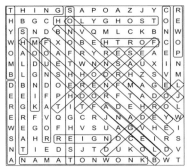

PUZZLE 26

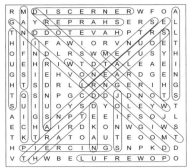

PUZZLE 27

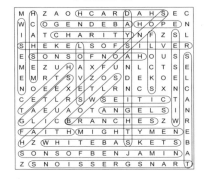

PUZZLE 28

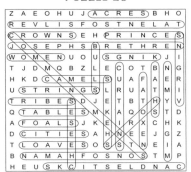

PUZZLE 29

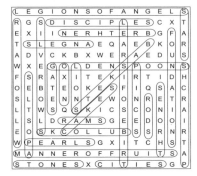

PUZZLE 30

PUZZLE 31

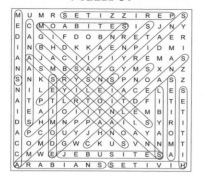

PUZZLE 32

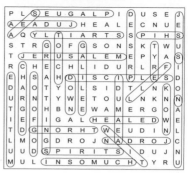

PUZZLE 33

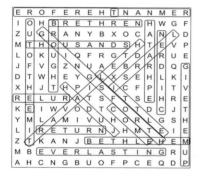

PUZZLE 34

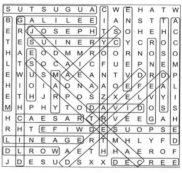

Secret Message: What was the common occupation
of Joseph, the earthly father of Jesus?
Answer: Carpenter (Matthew 13:55)

PUZZLE 35

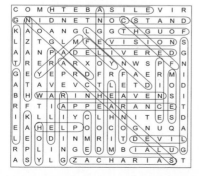

PUZZLE 36

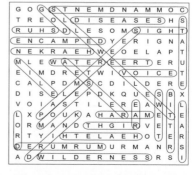

PUZZLE 37

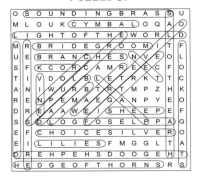

PUZZLE 38

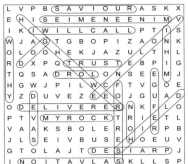

PUZZLE 39

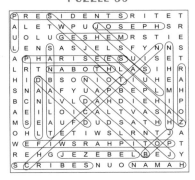

PUZZLE 40

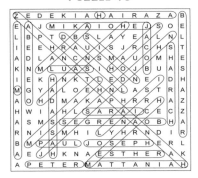

PUZZLE 41

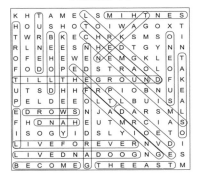

PUZZLE 42

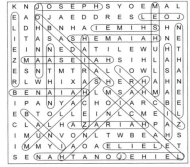

PUZZLE 43

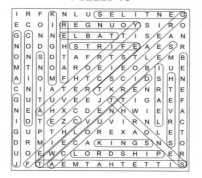

PUZZLE 44

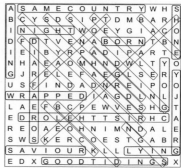

Secret Message: Why did Mary give birth to Jesus in a place where animals were stabled? Answer: Because there was no room for them in the inn. (Luke 2:7)

PUZZLE 45

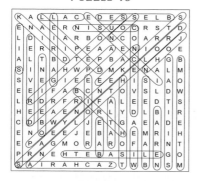

PUZZLE 46

PUZZLE 47

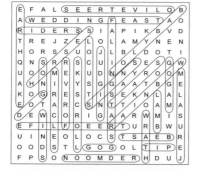

PUZZLE 48

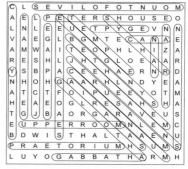

PUZZLE 49

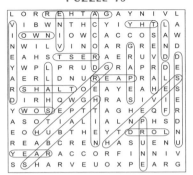

PUZZLE 50

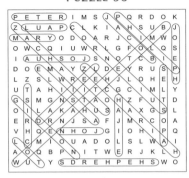

PUZZLE 51

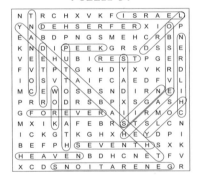

PUZZLE 52

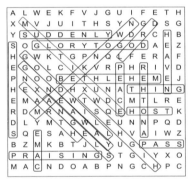

PUZZLE 53

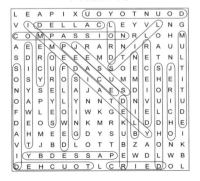

PUZZLE 54

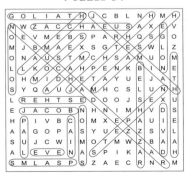

PUZZLE 55

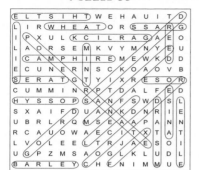

PUZZLE 56

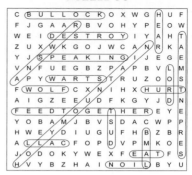

PUZZLE 57

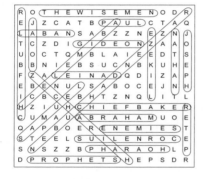

PUZZLE 58

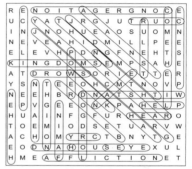

PUZZLE 59

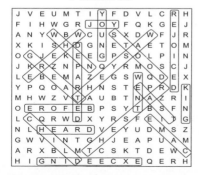

PUZZLE 60

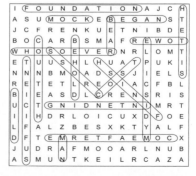

PUZZLE 61

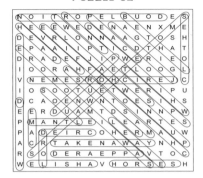

PUZZLE 62

PUZZLE 63

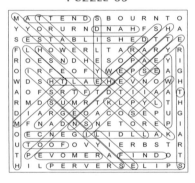

PUZZLE 64

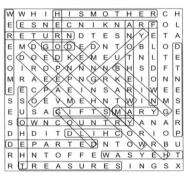

Secret Message: Which Old Testament book mentions frankincense seven times as an addition to burnt offerings? Answer: Leviticus (2:1, 2, 15, 16; 5:11; 6:15; 24:7)

PUZZLE 65

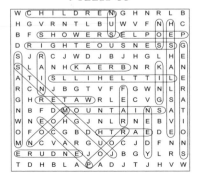

PUZZLE 66

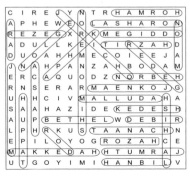

PUZZLE 67

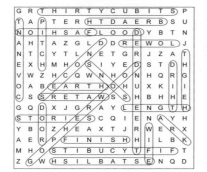

PUZZLE 68

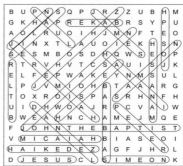

PUZZLE 69

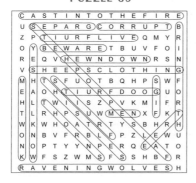

PUZZLE 70

PUZZLE 71

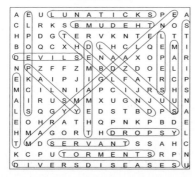

PUZZLE 72

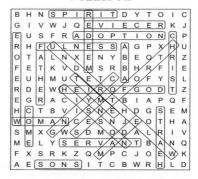

PUZZLE 73

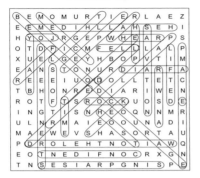

PUZZLE 74

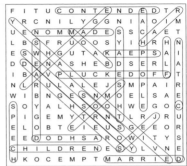

PUZZLE 75

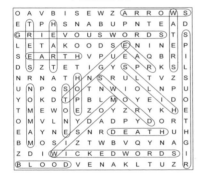

PUZZLE 76

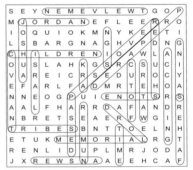

PUZZLE 77

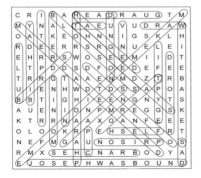

PUZZLE 78

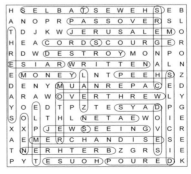

PUZZLE 79

PUZZLE 80

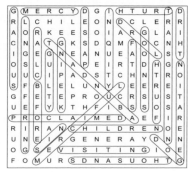

PUZZLE 81

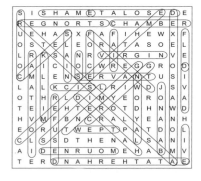

PUZZLE 82

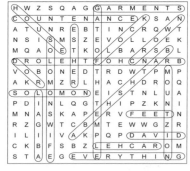

PUZZLE 83

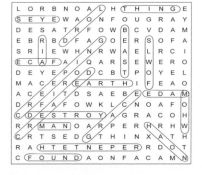

PUZZLE 84

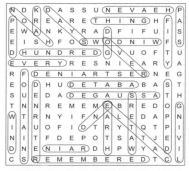

PUZZLE 85

PUZZLE 86

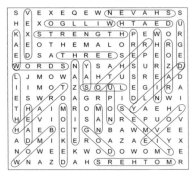

PUZZLE 87

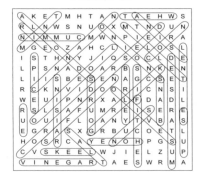

PUZZLE 88

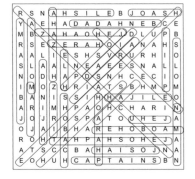

PUZZLE 89

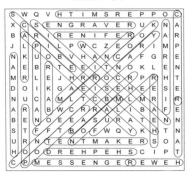

PUZZLE 90

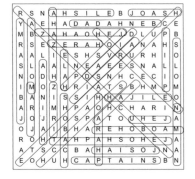

PUZZLE 91

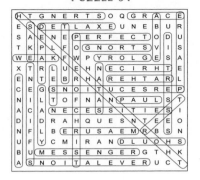

PUZZLE 92

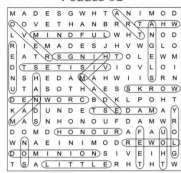

PUZZLE 93

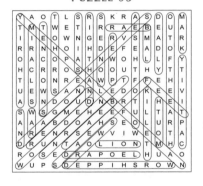

PUZZLE 94

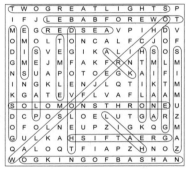

PUZZLE 95

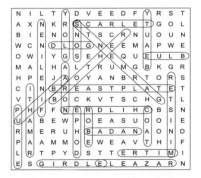

PUZZLE 96

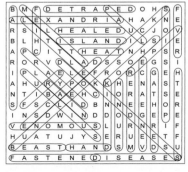

PUZZLE 97

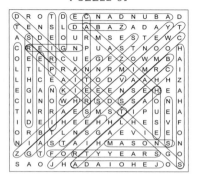

PUZZLE 98

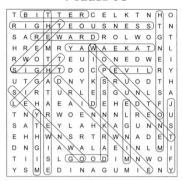

PUZZLE 99

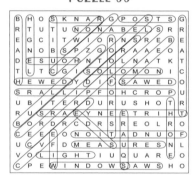

Looking for more fun?

COZY BIBLE CROSSWORDS

Paperback / 978-1-64352-106-0 / $12.99

Bible puzzles are a great way to pass time while learning scripture—and here's a collection of 99 crosswords sure to satisfy.

With clues drawn from the breadth of scripture, these themed puzzles will challenge and expand your knowledge of the Good Book.

Based on the King James and New International Versions of scripture, some clues and answers are drawn from other fields of study for added variety.

If you enjoy Bible crosswords (and who doesn't?), you'll love *Cozy Bible Crosswords*!